Empirical Analysis of a Planned Economy

計画経済の実証分析

China's Economic Development
中国の経済開発

白石 麻保
Maho Shiraishi

京都大学学術出版会

まえがき

　改革開放後，中国経済の華々しい高度経済成長が人々の注目となったこれまでとは一転して，現在では，経済成長の鈍化や停滞への懸念，そして新たな発展ステージ，いわゆる「ニュー・ノーマル（新常態）」時代に向けた構造改革の必要性が指摘されている。中国の改革開放政策は，リーマンショック以前まで，市場の育成とともに中国経済を発展させていく有効な方策として肯定的に議論されてきた。その一方で近年では，「国家資本主義」，「国進民退」という言葉で表されるように，中国経済にはいま一度国家，国有企業の経済に占めるプレゼンスの高まりばかりが意識されるようになっている。例えば昨今注視されている AIIB（アジアインフラ投資銀行）も，この国有経済部門のプレゼンス増大という点と関わっている。即ち，AIIB による融資対象と関わる途上国へのインフラ輸出が中国経済の次の成長戦略の一つとなる中で，その中心的役割を担うのはやはり国有経済である可能性が高い。

　周知のように，少なくともリーマンショック以前の中国経済の成長は，改革開放政策・市場経済化の中で目覚ましい活躍を見せた民間セクターに牽引される形で実現した。ではなぜ当時は民間セクターの活性化が可能であったのだろうか。そしてまた，現在になって再び国有企業のプレゼンスが高まり，かつての民営企業の活力が失われているのはなぜであろうか。そして国家や政府のプレゼンスが大きな今日の中国型市場経済化は長期的視野から見た経済発展にとってどこまで有効なのだろうか。

　国家や政府の経済におけるプレゼンスが大きかった中国におけるもう一つの時期として，改革開放政策に至る前段階の計画経済期が挙げられる。計画経済システムは，現代の視点からみると極めて非効率的で，そこにみるべきものはないように思われる。しかし，開発戦略の一環として現代の経済学のフレームワークを用いて計画経済システムを問い直すことにより，我々はその時代から上述のような問題意識に対して何らか

の示唆を得ることが出来ると著者は考える。特に国家や政府の経済におけるプレゼンスの大きさ，という点に関して，計画経済の経験から現在を問い直す意義は見出せないであろうか。本書はこのような問題意識から，計画経済期中国の工業部門に焦点を当てて今日的視点と分析フレームワークを用いて実証的に分析し，上述の問題にいささかなりとも答えようと試みている。

　その一環として経済成長へのテイク・オフのための初期条件という視点から上記の問題意識を再検討してみよう。一般的に高度経済成長へのテイク・オフの初期条件として，開発経済学的視点から例えば初等教育の普及等が挙げられている。改革開放政策にシフトする以前に，中国においても初等教育が普及していたという点が，改革開放政策による経済発展の成功に対して大きく影響していることが牧野（2005）等によって指摘されている。ここで，より当該経済の文脈に沿った高度経済成長のための初期条件という観点から，改革開放，市場経済化の中国経済における意味を捉えなおす際の計画経済期の実証分析の意義を見出すことが出来る。換言すれば，その前段階である計画経済の実態把握を踏まえて改革開放政策，市場経済の導入がどのような意味で可能で，そして有効であったのかを考察することは，中国の歴史的経緯を踏まえてその後の市場経済化を展望するという，中国市場経済の特質理解という意味で重要であろうと考える。つまり，一般的な経済開発問題をもう少し踏み込んでその当該経済の歴史的文脈を踏まえた上で再考察しようというのが本書の主要な問題意識である。但しこのような作業は必ずしも中国の個別事情だけを重視しようというものではない。各経済の個別事情，歴史的文脈へ配慮した考察もまた，今日的な開発経済学的フレームワークによる実証的分析を経て，他の開発途上国への有用な政策提言となりうるであろう。そして同時に新たなステージを迎える中国経済への本書で得られた知見を踏まえた政策提言の可能性も期待できる。

　例えば，経済改革・市場経済制度の導入はそれまでにどのような条件が整っていれば実行可能性が高まるのか，という重要な問いがある。技

まえがき

術の蓄積や市場競争を受け入れる耐性（順応性）がなければ，たとえ改革開放政策を取り入れ市場経済的要素を導入していったとしても，混乱が起きる可能性もあったであろう。つまり技術の蓄積等，一定の経済的基盤がなければ如何なるスタイルであれ，中国で改革開放・市場経済化が成功したとは限らない。経済開発的視点から指摘されるような初等教育の普及等に加えて，計画経済時代に技術的蓄積が経済主体にある場合や市場競争に対応する条件が形成されていたこともまた，経済改革・市場経済化の実施のための重要な条件であったといえよう。これらを経済学の実証分析を通じて明らかにすることができれば，開発途上国の経済発展や中国を含む新興国・中進国が直面する経済の停滞についても有効な政策提言が可能となろう。

　上記のような問題意識に基づき，本書は開発戦略の一環としての計画経済期の中国経済発展に焦点を当て，その実証的解明をおこなう。それにより中国に続く開発途上国，そして現代の中国が直面する課題に対して貢献可能な提言を得ることを目指して分析・考察を進めていく。

目　次

まえがき　i

序　章　中国型市場経済の源流をたずねて　1
──「ルースな計画経済」

1　計画経済システムの再考 ── 問題の所在　1
2　ルースな計画経済 ── 中国計画経済システムの特徴　5
3　本書の意義と貢献　14
4　本書の構成　16

第1章　効率的な生産システム ── 内製化か分業化か　19

1　「大而全，小而全」は非効率的か ── 本章の目的　19
2　生産組織の形態と経済発展 ── 分析枠組　22
3　データ　27
4　計測結果　28
5　まとめ　34

第2章　工業部門の生産性と技術進歩 ── 悪条件の中の光明　37

1　技術進歩はみられたのか ── 本章の目的　37
2　生産関数アプローチ ── 分析枠組　40
3　データ及びその実質化　44
4　計測及び推定結果　53
5　まとめ　57
　Appendix　〈企業マイクロデータの代表性について〉　58

第3章 国営企業の行動様式 ……………………………… 61
——現場レベルでの「意思決定」

1 国営企業は「企業」か「工場」か —— 本章の目的　61
2 目的関数アプローチ —— 分析枠組と推定方法　66
3 雇用と生産性　73
4 「最適化行動」採用の有無 —— 推定結果　76
5 まとめ　84

補論 資金の優先配分の方針と企業パフォーマンス ……… 89
——企業の生産へのインセンティブ付与をおこなえていたか

1 はじめに　89
2 いくつかの周辺的事実　90
3 分析枠組 —— 実証モデルの設定　97
4 企業パフォーマンスを上げる要因とは —— 推定結果　102
5 おわりに　107

第4章 計画経済システム下の非効率性問題 ……………… 109
——「限界」の所在

1 計画経済システムの限界とは —— 本章の目的　109
2 技術効率性と配分効率性 —— 問題の本質　110
3 配分非効率性改善の論点 —— 分析枠組　114
4 配分非効率性改善への準備 —— 分析結果　119
5 まとめ　124

Appendix 1 〈生産性の計測〉　125
Appendix 2 〈流動資金の限界生産性〉　126

第5章 改革開放へのステップ ―― 129
　　　　　── 市場競争への「耐性」の形成

　1　経済システム転換の準備は出来ていたか？── 本章の目的　129
　2　市場競争に向けた生産技術面における「環境」整備
　　　　── 同次性係数の計測　132
　3　配分非効率性の改善と経済成長，「景気」の出現　135
　4　補足 ── 成長の核の変遷　140
　5　まとめ　142

終　章　中国計画経済研究がもたらすもの ―― 145
　　　　　── 本書のまとめと今後の展望

　1　本書のまとめ　145
　2　中国計画経済研究からみえるもの
　　　　── 地方政府主導型地域経済発展の有効性及びその限界　150
　3　おわりに　153

あとがき　157
参考文献　161

Empirical Analysis of a Planned Economy :
　　China's Economic Development　167
计划经济的实证分析 ── 中国的经济开发　174

索　引　179

序　章 | 中国型市場経済の源流をたずねて
　　　　　——「ルースな計画経済」

1　計画経済システムの再考——問題の所在

　計画経済から市場経済への移行は，1970年代末から1990年代初頭に中国をはじめソビエトや東欧諸国をはじめとするいわゆる旧社会主義国で相次いで起こった。そのような旧社会主義国の「崩壊」を目の当たりにし，各国が採用していた計画経済システムが抱える構造的問題が指摘されるようになった。特にその失敗の構造的問題として，システムが抱える非効率性が強調された。今日では，計画経済システムが抱える構造的問題，即ちその非効率性は，その市場経済システムとの対比の中からも自明のこととして認識されている。
　具体的に計画経済システムのどのような点が非効率的であったのかについても，今日的な視点からは枚挙に暇がない。その中でも経済発展の実現に不可欠な合理的な生産システムや技術進歩の可能性という点について言えば，次の2点においてそれらの達成が難しい。
　その2点のひとつは効率的な資源配分問題にある。つまり資金や労働，その他生産に必要な物資をその各生産者の必要性に応じて適切に配分することが，国家が経済における需要を計算してその上で資源配分をおこなう計画経済システムにおいては極めて難しいということである。もうひとつは経済主体へのインセンティブ付与の問題であり，計画経済システムの下では生産者らをはじめとする経済主体が生産に対してインセン

ティブを持ちにくい，という点である。そしてこの 2 つは，資源配分や生産に関する意思決定の点から見ると，両立させることはかなり困難である。計画経済システムのスムーズな運営をおこなうためには，その権限を国家に集中させ速やかに資源配分の決定をし，各経済主体に計画に基づいて生産活動をおこなわせることが原理的にも，また実際上でも必要である。つまり，計画経済の円滑な運営には意思決定が中央集権的であることが望ましい。その一方で個別経済主体が経済的インセンティブを持ちうるためには，やはり意思決定権はある程度分権的でなければならないであろう。

　いま少し詳述すると，計画経済システム下では国民が必要としている各製品やそれらの生産に必要な原材料，資源などに対する需要を国家（政府）が計算し，生産をおこなう主体である各製品生産企業に指令を出す。生産に必要な資金，労働，原材料等はやはり国家（政府）から生産者である企業に提供される。企業は指令に基づいて製品の生産をおこない政府へ上納する。つまり，計画経済システム下における生産では，溝端（2002）の的確な指摘にみられるように資源配分のあり方は中央集権的であり，「国民経済は統一的な複合体と見なされた」。つまり経済活動に関する意思決定が集権化された中でおこなわれ，企業の経済活動もその集権化された意思決定を基盤とする巨大なヒエラルキー機構の中に組み込まれていた。但し，よく言われるように国民の需要や生産に必要な原材料，資源へのニーズを国家（政府）が細かく把握することは極めて困難であり，また「巨大なヒエラルキー」の中に組み込まれた各経済主体が生産や利潤へのインセンティブを持つことも難しいであろう。

　一方経済主体への経済活動，生産活動に対するインセンティブ付与という点からは，意思決定の中央集権化の強さはむしろそのインセンティブを弱めてしまうかもしれない。市場経済システムのケースを考えてみよう。市場経済の下では各企業がどのようなモノが売れるかを考え，経営方針を立て，利潤獲得に向けて行動する。つまり，個別の意思決定に基づいて生産する製品や生産量を決定し，生産・販売をおこなう。また

市場経済の下では，資源は各経済主体の意思決定に基づいて必要なところに必要な量が国家（政府）の計算を経なくても自動的に配分されることになる。即ち市場経済システムでは意思決定のあり方が分権的なのである。そしていわば分権的意思決定の積み重ねの結果として，全体として計画経済システムよりは効率的な資源配分がおこなわれる場合が多い[1]。具体的に述べれば，個別企業はコスト・ベネフィットを考えながら原材料や資源を調達し，売れるものを売れる量だけ生産する。銀行はデフォルトがおきないように融資先を審査しながら有望と思われる対象に融資をおこなう。このような個別の経済主体の分権的意思決定に基づく行動が結果として効率的な資源配分を可能にし，また個別の経済主体にはそうした効率的な資源配分に結実する各自の行動を効率的なものとするようなインセンティブが与えられる。

　以上より，市場経済と計画経済との大きな相違点は，意思決定のあり方が集権的か，分権的かという点と，個別の経済主体へのインセンティブ付与をうまくおこなうことが出来るか，という点にある。そして意思決定の中央集権化がその円滑な運営のために志向せざるを得ない計画経済システムの下では，個別の経済主体へのインセンティブ付与も同時に成功させることは，その原理上かなり難しい。

　但し計画経済を採用していた各国の実態面をみてみると，その運営の様相はそれぞれかなり異なっていた。計画経済システムといえばまず，ソビエトのそれが想起されるが，ソビエトのケースではかなり緻密な計算と厳格な国家によるコントロールのもと上述したような計画経済の運

---

[1]　意思決定が分権的である場合には道路などのインフラ整備のための用地確保に時間がかかるため，中央集権的であるほうがスムーズ且つ迅速に開発が進む，ということもある。この場合，意思決定が集権化されているほうがインフラ整備という国家，或いはその地域全体の利便性にとっては効率的と捉えることが出来る。しかし一般にニーズを細かく把握するという点では，生産者に経済活動へのインセンティブ付与が可能な分権的意思決定を可能にするシステムが採用されているほうが，合理的といえよう。

営がおこなわれていたといわれる。この意味でソビエトの計画経済は中央集権的意思決定がより貫徹していたと理解することが出来よう。この国家による経済のコントロール，換言すれば意思決定がどれだけ集権化されていたかという点についてソビエトでは，特定の製品の生産を担う企業（その実態は工場）はごく少数でしかなく，全国に対するその製品の供給はそれらの少数の企業に依存していた。このような生産と流通の体制をとっていれば，政府による計画経済の運営は集権的にコントロールできよう。但し別の角度からいえば，生産の連関においてどこか一部においてでもある製品の供給を担う企業の生産や川上・川下の企業との流通に問題が生じたとき，ソビエト経済全体の生産は大きく損なわれることになる。この現象はソビエト崩壊後のロシア経済の急激な市場経済化の中で実際に生じたことでもある。

　上述のような少数の企業に依存する計画経済の生産システムについて，企業名のつけ方を中国のケースと比べながらみてみよう。ソビエトにおいては，例えばガラスを生産する企業名は「ガラス」であるという。これに対して中国ではそのガラスを生産する全国に分散している多くの企業の名前は，例えば「〇〇（地名）市第二ガラス」といったものである。ということは，いわば地名の数[2]と第一，第二，……といったナンバリングの数の分だけ中国の計画経済にガラス製造企業は存在したといえよう。それに対して「ガラス」としか名づけられていないソビエトのガラス製造企業は，いってみれば唯一のガラス製造企業だったかもしれないが一方で中国の計画経済システムは，ソビエトのように意思決定のあり方を中央集権化するまでには至っていなかった。

　このように計画経済システムの実態は，それを採用していた国によってかなり異なる。そして中国に焦点を当てると，計画経済システムの運営における意思決定のあり方は，上述の集権化された意思決定という点

---

[2] 更には行政レベルも多層構造になっているのでより多くの企業が存在することになろう。

からかなり異なっていたことが示唆される。以下で中国のケースを見てみよう。

2　ルースな計画経済 —— 中国計画経済システムの特徴

　ここでは中国の計画経済システムの特徴を生産と資源配分システムに関わる点に注目しながらみてみよう。中国だけでなく日本にも，当時の状況を記述した文献資料が豊富に蓄積されている。そうした文献資料からは，中国の計画経済運営は上述とはかなり異なるもので，且つ必ずしも厳格ではなくルースなものであったことがうかがえる。

中国計画経済の特徴1 —— 分権化の容認とそれへの志向

　中国の計画経済システムが必ずしも厳格なものではなく，生産活動においては地方や現場レベルでそれぞれ独自の行動が採用されるケースも往々にしてあった。それは，中国が計画経済システムを採用する1950年代初頭の段階で，経済発展レベルがまだ低かったことによる[3]。計画経済の採用は，中国においても当時の国内外の情勢から重工業の発展を優先するという戦略を採るための手段であった[4]。しかし実情では，経

---

[3]　当時の中国の国内情勢及び国際情勢に対する中国政府の認識からすれば，一刻も早い国民生活の安定と国力の増強が不可欠であり，そのためには生産や分配に関する意思決定権を政府に集中させることが容易な計画経済システムを採用することが妥当であった。

[4]　つまり，計画経済システムを採用した背景には，イデオロギーの問題だけでなく，経済開発の意味もあった。具体的には，中華人民共和国成立以前に長く続いた戦争，内戦からの国民経済の建て直し，及び国力の強化が当時の中国が直面する最大の課題であり，その課題克服のための重工業優先戦略であった。計画経済システム

済発展レベルの低さゆえに必ずしも計画経済システムの構築が順調におこなわれたわけではなかった。即ち，当時の中国は全国レベルでの各生産拠点の配置，流通体制の整備が可能な経済発展レベルにはなく，計画経済システムの順調な運営に必要な，国家による生産体制の集権的コントロールの下での分業体制の構築には大きな困難があった。

　そのため当時の中国では，各地方における工業の発展，中小規模の企業の育成が政策リーダーや有識者らによっても重視されている[5]。もっとも地方工業といっても当該地域だけで生産・流通が完結するわけではない。当時の地方工業を担う企業には大別して二つの性格をもつものがあったという。一つは全国レベルで流通する製品を生産する企業であり，もう一つは主として地方の需要をまかなうために生産を行う企業である[6]。前者は上海や天津のような大工業都市に集中しており，後者は全国各地に点在している。そして，後者に相当する多くの地方の工業企業による創意工夫が，当該地域の需要に対応し更に地方工業の発展を実現するものとして期待されていた。このように全国レベルでの生産・流通体制の整備が目指されるのと同時に，その不備を補完する地域レベルでの生産・流通体制の整備の重要性も指摘されていた。経済発展レベルが低いという中国の実情を十分に考慮した現実的な対応といえよう。但し，このような状況下では資源配分を国家が統一的にコントロールし，集権化された意思決定に基づく計画経済の運営がおこなわれる，ということは難しい。むしろ，各地域における自律的な経済発展を半ばやむなくではあるが目指していた。

　国民生活水準の向上も重要であった当時の中国では，軽工業の発展も重視された。これには同時に軽工業が農業部門の発展を促進するという

　　はその視点からみると工業部門，特に重工業部門への資金投入を優先するために選択されたものであったといえる。
5)　中国研究所訳 (1956) では，第一次5カ年計画期の発展方針の一つとして，地方の積極性と地方間の相違性に依拠した地方工業の発展を挙げている。
6)　中国研究所訳 (1956)

産業連関効果への期待が含意されており，そうした自律的な発展によって軽工業が順調に成長する結果，軽工業は重工業発展のための重要な資金供給源となりうる。また軽工業の発展は農業部門の発展の促進と同時に国民生活向上に資するという点からも期待された。また軽工業部門の企業には，次のようないわば市場経済下の企業のような行動を採ることも求められた。例えば各地方の工業部門，更に個別の企業は技術の向上，コストの引き下げ，製品の種類の増加及び品質の向上を目指して努力すべきであり，地方政府も企業にただ漫然と経営を行わせるのではなく，生産する製品に適合的な技術を持った企業，製品の品質が良好な企業，及び国民生活に有利な業種の発展を支援し，逆にそれらに有害または不利な企業には制限を加えるか，もしくは淘汰を実施し，労働力の再配置をおこなうべき，といった指針が出された。以上より，中国の計画経済システムの運営においては，当時の工業総生産額の半分以上を占める[7]各地方における工業の自律的発展，更に個別企業に対してはコスト削減などの「経営努力」，地方政府に対する監督下にある企業の生産性や国民の需要に合わせた資源の適切な再配置を求めるなど，分権的な意思決定を必要とする諸方針が打ち出された。即ち，中国の計画経済では，その経済発展レベルの低さから地方や個別企業に自立性が求められ，且つそれを容認しながら工業部門の発展を目指していた。

　この点について，当時の軽工業の実績をみてみよう。河地（1989）は，計画経済期を含む1950年代から1980年代までの記述統計データを用いた経済発展の概況及びその背景分析を通じて，軽工業が如何に当時の中国における重工業の発展に貢献したかを指摘する。そこでは計画経済期の工業部門について，軽工業部門が投資を抑制されながらも低価格農産物を利用した生産をおこなうなど，コストを抑えることによって多くの利潤を生みだし，工業化のための資金の蓄積に貢献してきたことが指摘されている。

7）　中国研究所訳（1956）による。

そして軽工業の発展によって蓄積された資金は，重工業優先戦略を支える重要な役割を果たした。基本建設を含む国営工業部門全体の財政収支の動向は，重工業部門では赤字であったが，軽工業部門では黒字であり，重工業部門の赤字を軽工業部門の黒字が補う形で工業部門全体の財政収支は黒字となっていた。つまり中央政府にとって軽工業企業は財政収入の主要な財源の一つであった[8]。

　国民生活向上という点に関して，更に就業先の提供という点でも地方工業，及び軽工業の発展は期待された。特に最大の潜在資源である農村労働力の工業への動員が可能になることが，経済改革に至る前段階の計画経済システム下においてもその意義として認識されていた。

　このほかにも，計画経済システム下における経済主体の自立性をうかがうことができるものがある。第一次5カ年計画期に数年間実施された一長制（工場長単独責任制）[9]である。1956年に公式に廃止されてしまう当該制度は，しかし，技術，設備維持・修理，安全，原材料供給，財務・コスト等を国営企業幹部の責任の範囲に含める（川井，1991）ことで各企業での裁量の余地をもたせるものであった。

　但し，こうした地方分権化[10]，地方の自律性の容認は，計画経済期を通じてその重要性が共通認識となっていた方針では必ずしもなく，あくまでも各時点における状況に対する妥協という意味があった点も否定できない。それは次のような地方工業の重視という方針の度重なる変更が

8）　川井（1991）による。

9）　但し，一長制に対する批判もあったものの，一方で1956年の第8回党大会での党中央工業部の総括で「生産における浪費解消と効率化に一定の役割を果たした」という積極的評価が出されている。この意味で一長制を巡る議論は重要な意味を持つであろう。

10）　地方分権化のねらいは，多様な需要，嗜好に合わせた供給の必要性が当時においても求められる中，その供給のための生産に対応するシステムを作り出す，即ち需要の変化に対して素早く対応できるように行われたはずであったが，実際は，「大にして全」「小にして全」（大規模でも小規模でも生産工程を組織内に抱えこむ）という非効率な生産システムが各地域で採用されることになった（游，1982）。

みられた点からもうかがえる。周知のように，計画経済期にはいくつかの経済的混乱期がある。例えば，大躍進政策の推進によって当時の中国経済は大打撃を受けたが，このころには更にソビエトによる対中国援助の引き上げ，自然災害の発生もあった。大躍進による影響が最も大きかったというが，これらの一連の出来事によって，1959年から1960年代初頭にはマイナス成長，大幅な減産に見舞われることになる。このとき，国民経済の回復が最重要課題となり，中央政府はそのために1958年に地方政府管轄企業として権限が地方に移譲された企業についても，再度中央管轄とし，権限の集中・統一が図られた[11]（游，1982）。そしてその後，1970年に再び地方への権限移譲が進められた[12]。

　以上より，経済発展レベルの低さから地方における工業の自律的発展に期待をおいた軽工業の発展が，中国計画経済の実際上の運営にとって重要な役割を持っていたことが分かる。この点からみて中国計画経済システムは，理念の中の計画経済やソビエトのケースにみられるような集権的意思決定に基づく国家のコントロール下での分業体制とは異なり，地方或いは個別企業レベルの自立性を期待するような分権的な意思決定を容認するものであった。また重工業優先戦略を掲げ，且つそのための計画経済システムの採用であったとはいえ，実際の運営では軽工業が重要な役割を果たしていた。そしてその軽工業部門には国家の支援・指令に必ずしも依存しない自律的な発展が求められていた。この意味で資本や労働といった資源賦存状況に適合した経済発展を合理的とする，現代のフレームワークで分析可能な開発途上国における発展方式が，その経

---

11)　但し，実際には地方の権限が大きすぎることによって弊害が生じたのではないことが認識されている。中央政府に権限を戻すよりも，高すぎる生産の数値目標の是正や中央・地方が行う投資を統一的に計画の中に組み込む方がより無理のない発展を行うという意味で必要な解決策であった，と指摘されている（游，1982）。

12)　但し分権化に関連して，地方への権限移譲，特に投資や物資供給に関する権限の地方への移譲が，資源の浪費に結果したという指摘もその後に出ている（鄒・欧陽等，2009）。

済発展レベルの低さゆえに結果として採られていたことが分かる。そして，これは1978年の経済改革開始後，その初期段階における農業や軽工業を中心とする目覚ましい経済発展の実現と決して無関係ではないであろう。

中国計画経済の特徴2 —— 計画経済下の企業の「裁量」

　経済発展レベルの低さは，上述したように集権的な経済のコントロールを困難にし，分権的な意思決定をむしろ促進する結果となった。この分権的意思決定は，流通体制の不備等に起因する計画経済システムの資源配分機能の停滞が，却って個別企業に裁量をゆだねざるを得ない状況を作り出したことによっても促進された。

　そもそも計画経済システム下の「企業」とはどのようなものか。それは理想においては計画に基づいて遅滞なく運営され，生産が行われる組織であることが目指されたが，中国での当時の企業の実態はその理想的な状態とは程遠いものであった。それは前項で述べた背景と同様に，経済発展のレベルの低さがそうした本来あるべき計画経済システム下の企業の姿を変化させたといわれる。中国のケースでは，計画経済以前の生産力の発展水準が低く，また分業体制も十分に整っていなかったことから，当時の中国企業による上述のような「社会主義企業のあるべき姿」からの逸脱が生じたという[13]。つまり，経済発展レベルが低い状態での計画経済システムの採用は，前項でみたような政策リーダーや有識者らが提言する政策や方針を，計画経済遂行のあり方としてはかなり柔軟で分権的なものにしたのと同時に，個別の経済主体の行動様式も計画経済システム下の企業のそれと異なるものにした可能性がある。

　その具体的表れが原材料，資源の配分遅延，未到着に伴う企業の裁量による調達である。本来，計画に基づく生産のための原材料や資源の配

13）　小嶋（1993）

分は，計画にのっとって遅滞なくおこなわれなければならなかったが，それが中国では往々にして遅れることがあった。そのため企業は，他企業との資源の融通をおこなわなければならなかった。川井（1991）は，原材料の企業への計画供給が予定通り十分に実施されないことから，企業は必要時の生産を保証するために，一般に原材料を多くため込む傾向がみられたことを指摘する。そして当面必要なものだけでなく，不要不急の物資も備えておかねばならないため，公式制度外のルートを通じて原材料を購入しなければならず，そのための人材が必要であった。しかしその一方で，当座に必要な物資が十分確保されている場合は少なく，企業は必然的に設備を十分に稼働することが困難であった，という[14]。こうした状況は，企業に必然的に一定の裁量をもたせることになり，また企業には，物資調達を否応なしに自身で解決しなければならない場合があることを認識させる。そしてこうした事態への対応力の企業への要請は，生産コストの削減，生産性，効率性の維持・上昇を目指すような企業行動，換言すれば，一種の疑似市場経済的な企業行動を採らざるを得ない局面を結果的に企業にもたらした可能性がある[15]。

そして中国の計画経済自体，その「計画」通りには進まなかった。上原（2009）は，中国の計画経済期の様相を「無計画な命令経済と相対的に理想的な計画経済の交差した社会」と指摘し，当該時期を一貫したものとして捉えられないという。中国では生産の増大への期待から，毛沢東の命令の下，計画や統制を超えて財力や資源保有状況の限界まで生産

---

14) 川井（1991）
15) この点に関してこの他にも中国企業史編纂委員会編（2002）や，中国社会科学院中央档案館編（1998）によって同様の議論が展開されている。また近年，中国の研究者らによる計画期中国経済に対する今日的視点からの研究が行われるようになっており，それらの先行研究においても，例えば大躍進後，いっそう深刻になった需給関係のアンバランスを改善するために，特に中小規模の企業を中心に再編が行われた（肖，2014），というような調整がみられる等，体制運営が柔軟であったことが指摘されている。

が拡大され，その結果，経済が破たんする，という事態が往々にして発生し，その都度計画経済体制に依拠した経済の立て直しが行われることがあった。例えば，第2次5ヵ年計画期中に発動された大躍進がその一例であろう。更にその後，第3次5カ年計画が始まる1966年までに大躍進の打撃・経済的混乱からの回復が見られ，経済情勢は好転し始めていたが，1966年には文化大革命が始まってしまい，1966年から1980年までの第3次から第5次5カ年計画については，要綱は掲げたものの完備された計画の作成は不可能で，度重なる計画の変更があったことも指摘されている[16]。こうしたいくつかの極端な政策の実行，そしてその経済への悪影響も，計画経済の厳格な運営を困難なものにした。

これらは中央集権的な，統一的なコントロール下におく計画経済運営が困難で，実態として計画経済が厳格に運営されないという，中国の計画経済がルースなものであったことの一つの局面を表している。

以上より中国の計画経済は，その実行時における経済発展レベルの低さによって，政策リーダーや個別経済主体に一定の分権的な意思決定に基づく行動を採用させざるを得ず，結果として「ルースな計画経済」[17]であったといえよう[18]。そしてこの計画経済のルースな運営は，一種の擬似市場的な行動の採用を個別経済主体や政策リーダーに動機付けた可能性がある。換言すれば，通常の開発途上国として経済発展を達成しな

---

16) 游（1982）
17) 上原（1994）は，中国の計画経済システムは中央政府の指令が地方政府や個別官僚の恣意性によって解釈・執行される余地が大きい「緩い集権制」であったことを指摘する。また中兼（2002b）においても，ソ連の計画経済との比較において中国のそれは「緩い集権制」である点，また集権的計画経済体制の行き詰まりを東欧諸国に見出したことや毛沢東の官僚主義への反感，軍事的観点等から「分権化」という考え方が出てきた点が，中国計画経済システムの特徴であると指摘されている。
18) 近年の中国計画経済期に対する研究成果でも，様々な視点からの議論があるものの，結果として策定された計画通りにその運営が進んでいなかったことが指摘されている（羅，2009；羅・盧・趙，2013；蘇，2007；王，2014）。

序　章　中国型市場経済の源流をたずねて

ければならないという課題を中国経済が計画経済下において抱え，それへの対応に迫られる中，結果としてその様相は擬似市場的なものとなった可能性を持つ[19]。

　この点はまた，計画経済期の次にやってくる改革開放期における経済改革の行方とも関係する。経済改革は中国に市場経済化をもたらし，長期にわたる高度経済成長を実現した。中国計画経済システムの実態面を市場制度が未整備な途上国の一変形として捉えるならば，それは経済改革後との連続性の中で，開発途上国的な諸問題を解決するひとつの方策としての役割を担っていたとも考えられる。このような観点からみれば，現在の中国市場経済の特質もまた，その深淵を計画経済期の経済実態のあり方に求めることが出来よう。更には近年懸念される今後の中国経済の発展スピードの減速や，或いは停滞に対しても計画経済期を含む長期的視点からの分析が可能になろう。

　そこで本書では，生産と資源配分システムに焦点を当て，企業データや地域データを用いて中国の計画経済実態の実証的解明を試みる。そしてこれにより，計画経済期から改革開放期にいたる長期的経済発展の中での中国計画経済システムの位置づけを明らかにするとともに，計画経済，及び経済改革の意義と限界を考察していく。

---

19) 本書はこのような可能性を見出すことで，中国の計画経済システムの正当化を目指すものではない。むしろ，失敗の連続で今日的な経済学的観点からは見るべきものがないと往々にして考えられている中国の計画経済の中に，その後の経済発展の成功の端緒となる要素がなかったか，そのいわば「一筋の光明」を見出そうとしているに過ぎない。但し，次のパラグラフで述べるようにこのようなアプローチによって，今日に続く中国における経済発展の特徴の淵源と関わって，何がその後の経済改革による発展を成功に導いたのか，真の意味での限界はどこにあったのかを明らかにすることが出来よう。

3 本書の意義と貢献

　本書では上述したように，中国計画経済システムの実証的な実態解明とともに経済改革との関連におけるその意義と限界を考察する。ここでは本書の当該研究領域における意義と貢献を概括する。
　本書の開発経済学の領域における貢献には，途上国経済の市場経済化を目指した経済改革の実施に関して次のような点が挙げられよう。
　第一に中国の経済改革の初期段階における制度変更による経済主体のインセンティブ導出が可能であったのは，それ以前にその経済主体が主体的行動への認識を持っていたためである。但し，現在の中国経済停滞の現状からみると，一般的な理解における市場経済下の経済主体とは異なるインセンティブの経済主体への付与が，経済改革後も長期に継続する場合は，より成熟した市場経済に発展段階が進むときにはむしろ障害となる可能性があることが示唆される。
　第二に，但し計画経済システム下では解決が難しい問題はやはり残っている。それは経済全体の配分非効率性の軽減・解消の困難性である。したがって，市場経済化を目指した経済改革を進める意義として，経済改革による配分非効率性解消の可能性が挙げられる。そしてそのためには，経済改革の実施とともに市場経済下の諸制度が十分に成熟していくことが必要であり，経済改革前段階で形成された基盤に依存可能なのはあくまでも一時的でしかない。
　第三に，途上国経済への経済改革実施に関する提言を中国の経験からおこなうならば，市場経済化を目指した経済改革の実施に際して，その実施までに技術効率性レベルのある程度の向上及び維持や，分権的意思決定を容認した場合の経済主体や政策リーダーの経済発展へのインセンティブ発揮の可能性，地域の自律的発展の可能性を考慮する必要がある。
　また本書の意義としては，中国計画経済システムの現代の経済学的フ

レームワークからの実証分析という点から以下の点が挙げられる。

第一に中国計画経済期の実証分析を開発経済学的フレームワークを用いておこなうことの有効性，即ち中国計画経済システムの中に開発経済学的含意を見出した点である。

第二に実証分析に際して用いられた中国計画経済期の個別企業マイクロデータの有用性を示した点である[20]。現代の企業マイクロデータと異なり，そのデータセットの規模は小さいものの，歴史データの発掘，今日における標準的な計量経済学的分析に耐えうるデータセットであることを示し，個別企業マイクロデータの使用によってこれまで解明されなかった経済主体レベルでの実態に実証的なアプローチをおこなっている。

これらの分析が可能になったのは，言うまでもなく中国及びその他の計画経済システムを採用した諸経済に対する膨大な文献資料の蓄積があるためである。上述の貢献はこれらの先行研究の蓄積のうえに成り立っている。その意味でいうならば，それらの文献資料から得られる知見の蓄積を現代的な開発経済学的フレームワークから問い直し，今日的な意味での政策提言を見出した点が，本書の貢献の総括といえよう。

---

[20] 本書が取り扱うマイクロデータは個別企業レベルのものである。これに対してマクロデータは中国の直轄市，省，自治区レベルの地域集計データを本書では使用する。個別企業レベルのマイクロデータを使用すれば，そのレベルにおける経済実態，例えば企業の生産性や技術水準などのデータを直接観察できる。これはマイクロデータが集計されたマクロデータでは観察できない。地域マクロデータはあくまでその地域の概況を知ることができるものであり，個別企業の実態については間接的にしか把握できない。この意味で個別企業マイクロデータの使用によってより精緻に，且つさまざまな統計的・計量経済学的手法が利用可能という意味で実証的にもより直接に実態を観察できる。但し，データの取り扱いに関して，特にマイクロデータについてはその代表性等への注意が必要である。詳細は後述するが，本書では地域マクロデータとの比較や文献資料に基づいたチェックをおこなっている。また本書が取り扱うデータは中国計画経済期のものであるため，データの分析への使用に際しては十分な配慮が必要である。これらの点については，本書では分析前にデータチェックをいくつかの手法を用いて行っている。

4 本書の構成

　本書の以下の各章では，計画経済システムの生産技術レベルや生産システム（資源配分）に関わる論点について，実証分析を行っていく[21]。具体的にはそれらの概要は次のとおりである。
　第1章では，非効率的であると指摘される計画経済期中国の生産組織について議論を整理し，その経済発展への影響を分析する。計画経済期中国の生産組織については，いわゆる「大而全，小而全」，即ちフルセット型生産組織の非効率性が指摘されてきた。第1章では，この非効率性を先行研究に基づいていくつかの論点を挙げながら議論し，経済発展への影響を実証的に分析する。その際，工業部門における経済発展に対する生産組織の増減の影響を分析するための実証モデルを提示し，計画経済期の各年代において，どの時期にどのような生産組織が経済発展にとって有利であったのかを実証的に明らかにする。
　第2章では，当時の国営企業の生産性レベルとそのタイムシリーズでの推移，技術進歩の特徴を明らかにする。計画経済期中国の工業部門は，特に改革開放期以降の工業部門の発展と比較して，その非効率性ばかりが指摘されてきた。では，当時の国営企業の生産性水準自体はどのようなものであったのか，そして当時の技術進歩の特徴はどのようなものであったのか。これらの課題についてオリジナルのデータを用いて実証的に検討する。
　第3章では，工業部門における国営企業の行動を先行研究と関連づけながら実証的に分析する。ここでは特に雇用と資金調達に注目する。計

---

[21] 計画期中国経済について系統的な分析・考察の少なさを指摘し，それを試みたものに Hui (2005) がある。Hui (2005) はまた，インドとの比較等も行い，今日的な視点からの考察・分析の重要性も指摘している。

画経済期の国営企業の行動様式は，先行研究によれば，農業部門と工業部門との関係，政府との関係等によって規定されていた，と説明されている。その一方で，序章でも言及したように地方や企業レベルでの自己裁量が求められることもしばしばあったという。では，そのような諸関係の中に位置づけられた当時の国営企業は，どのよう行動様式を持っていたのか。またそれらの行動は何らかの要因によって影響を受けていたのであろうか。これらについてオリジナルデータを用いて実証的に分析を行う。補論では，第3章における分析を通じて生じた疑問に実証的にアプローチする。具体的には，第3章での分析を通じて企業は一定の主体的行動を採っていたことが分かった。ではなぜ企業は当時，そのようなインセンティブをもちえたのか。この点について資金獲得との関係を中心に補論で実証分析をもとに議論をすすめる。

　第4章では，改革開放政策導入の意義を考える。第3章及び補論までの分析を踏まえて，計画経済システムでは解決できない問題を明らかにし，それが改革開放政策の導入によって解決される可能性があるのか否か，検討を加える。これにより，改革開放政策と市場経済化路線導入の実質的且つ具体的な意義，及び計画経済体制下の生産システムの限界について実証的に考察していく。

　第5章では，改革開放政策導入の前段階として計画経済期を捉え，特にその導入直前となる1970年代を中心に，改革開放政策の実施，市場経済的要素の導入に対する「耐性」が形成されていたのか否かをいくつかの方面から検討する。具体的には，資源や資金の配分状況，個別企業の市場競争への耐性有無等を，オリジナルデータを含む複数のデータを用いて実証的に分析を加える。ここでは改革開放政策や市場経済的要素導入のタイミングや条件について，中国のケースから考察していく。

　以上の分析を通じて，終章では各章での分析結果をまとめ，中国計画経済システムの実証的な実態解明とともに経済改革との関連におけるその意義と限界を考察していく。

第1章 効率的な生産システム
——内製化か分業化か

1 「大而全,小而全」は非効率的か——本章の目的

　本章では,計画経済期中国における生産組織の効率性がどのようなものであったのか,そして当時の生産組織のあり方が経済発展に対してどのような影響を与えたのかについての解明を試みる。

　周知のように,中国の計画経済期については国営企業を主とする工業部門における深刻な非効率性が多くの先行研究によって注目されてきた。当時,各国営企業はその生産活動において生産工程全体を企業内部に抱え込み,フルセット型と言われる生産システムを構築していたとされる。いうなれば生産工程の内製化とも捉えられる。そしてこのような生産システムが非効率性を生み出していると指摘されてきた。なぜなら,フルセット型生産システムの内部に抱えるすべての生産工程において,稼働率をその生産能力の最大限にまで上げることは極めて困難であり,常にどこかに余剰生産能力を抱えることになるからである。丸川 (2003) はこの点について,次のようなメカニズムが働いていることを指摘している。計画経済期中国におけるフルセット型生産システムは,生産工程間の調整が非常に困難で,ひとつの生産工程で仮にフルに生産設備が稼働しても,他の生産工程は稼働していない,ということが往々にして生じる。そしてこうした遊休設備・生産工程は,フルセット型生産システムの存在によって,各生産工程の設備が最大限の需要に対応可能な生産能

力を保持している一方，実際の需要は想定される最大限の需要よりも低いために発生する。即ち，最大レベルではない通常の需要量に対して，生産設備はその生産能力をフル稼働させないため，各生産工程での需要量に対する調節が難しく，結果として遊休設備が生じてしまうのである[1]。

但し，フルセット型生産システムは，上述のように非効率的であったとしても，やはり計画経済期においてその採用には妥当性があった。丸川（2003）は，計画経済期においても，いくつかの企業では生産のための原材料や中間財を政府による計画の外から自身で調達し，与えられたノルマ，即ち供給を，確実なものにしなければならず，それは，多くの生産プロセスを維持する結果として生じることを見出している。企業間で中間財や物資を安定的に流通・取引させることは，計画経済期においては市場経済よりも困難であり，フルセット型生産システムはこのような困難性，特に物資や中間財の調達における困難性を軽減するものであった。そして，物資や中間財の調達における困難性を軽減させることは，上述したような遊休設備や生産工程を減らして稼働率を上昇させることよりも企業にとってはさらに重要であったかもしれない。

以上より，当時におけるフルセット型生産システムの経済的合理性は，完全に否定されるものではない。そしてそうであるならば，フルセット型生産システムの意義を実証的に明確にすること，換言すればその効率性及び経済発展への影響を統計的手法を用いて分析することは必ずしも無意味ではないといえよう[2]。

いくつかの文献は，フルセット型生産システムは計画経済期の中国において，工業部門全体で普遍的に採用されたわけではなかったことを指

---

1) 丸川（2003）は，計画経済においても需要を完全にコントロールすることは難しいと指摘する。
2) 溝端（1983）は，ソビエトにおいてもまた，ほとんどの企業は川上から川下までの生産工程すべてをその内部に抱えていたことを明らかにしている。そしてそれは，当時の生産状況に適合的であったためであると指摘する。

摘する。一つの例が大躍進政策の失敗後である。その当時，政府は国営企業が一定程度の経済合理性を持ち得ることに着目し始め，パフォーマンスがよくない国営企業の閉鎖，合併を実施した。このプロセスで，相対的に少ない生産工程しか持たない企業が増加した（中国企業史編集委員会，2002）。これは，当時，いくつかの企業は相対的に少ない生産工程しか持たず，他の企業と分業関係を構築していった可能性を示唆している。別の文献はまた，計画経済期中国においても，企業は日常に必要とする物資や中間財を企業の外部，特に他企業から調達していたことを指摘する[3]。このような生産工程の企業間での分業に関する文献的記述は，計画経済期中国に関しても少ない生産工程しか持たないような企業もまた，少なからず存在していたことを示すものである。

　これらの議論はいずれも，当時，フルセット型生産システムを採用する企業が，企業間で生産工程を分業するような生産形態を採っている企業と共存していたという含意を持つ。そこで我々は，企業間で生産工程を分業する企業が持つ生産システム，即ち分業型生産システムの効率性もまた，実証的に分析しなければならないであろう。

　ここで，フルセット型生産システムと分業型生産システムのメリットとデメリットをそれぞれ考えてみよう。

　フルセット型生産システムは企業内部に多くの生産工程を保持しており，そのために生産工程間の調整に関して困難に直面しがちである。今もし，ある川上の生産工程で何らかの要因によって生産の遅延が生じたとする。すると川下の生産工程もまた生産設備をストップさせなければならなくなる。しかしこのシステムの採用によって調達困難な部品や原材料を確保しておくことは，部品や原材料調達が困難であることによっ

---

[3]　中国の計画経済はソビエトにおけるそれと比べると緩いものであり，地方政府と企業は中央政府からの指令に従うだけでなく，しばしば生産計画，特に短期の生産計画を彼らの判断によって立てていた。それは与えられた生産ノルマを保証するために生じる部品や原材料等，資材や物資の現場レベルでの調達の必要性から行われていた（中国企業史編集委員会，2002）。

て生産が遅延することよりはましかもしれない。なぜなら，フルセット型生産システムであれば，ほとんどの部品や原材料もまた，同じ企業内で生産されているからである。

一方，分業型生産システムは，工場の生産設備の稼働率についてはフルセット型生産システムよりも高い水準を実現できるであろう。川下の生産工程は同一企業内の川上の生産工程から提供される部品や半製品[4]の遅延等によって制約を受けることはない。なぜなら部品や原材料の調達は外部においてなされるためである。但し，この外部からの調達もまた相応の困難性を持っている。上述の先行研究でも指摘があったように，計画経済においては，企業はしばしば部品や原材料調達に頭を悩ます。そして，この原材料や部品調達の遅延の問題は，結果として分業型生産システムにおいても生産設備の稼働率低下を招くことになるかもしれない。

では，フルセット型生産システム，分業型生産システムの2つの生産システムは，計画経済期中国においてどのように機能していたのであろうか。我々は以下でこの課題にアプローチしていく。特に計画経済システムの中核をなす国営企業の生産システムに注意を払いながら，長期マクロデータを用いて実証的に分析する。

本章の構成は以下のとおりである。次節で実証分析の枠組を述べ，3節で分析に使用されるデータについて説明する。4節では計測結果及び推定結果について考察し，5節で結論を述べる。

2 生産組織の形態と経済発展──分析枠組

本節では分析枠組を設定する。

---

[4] ここでは，同一企業内の川上の生産工程で生産されたものを指す。

まず，我々はフルセット型生産システムと分業型生産システムをそれぞれ量的に把握する。次に，稼働率の変動に対するフルセット型，分業型の2種類の生産システムの影響を分析する。ここで稼働率に注目するのは，工業部門全体で硬直的な生産体系であったであろう計画経済体制下においても，生産システムの効率性は企業の稼働率の高さがそれを示し，そして具体的にそれは，ある生産システムによって発揮されるより高いパフォーマンスとフレキシビリティによって決定づけられるという想定に基づいている。最後に，稼働率がコントロールされた狭義の生産性に対して，それら2種類の生産システムがどのように影響するかについて分析する。

2.1 生産額増大への寄与

フルセット型生産システムは川上部門から川下部門まで生産工程全体を内包しているため，その企業規模は大きくなりがちである。一方で，分業型生産システムが採用されている場合は，工業部門においては企業規模ではなく，企業数が増加するであろう。なぜなら個別企業は単独の生産工程，或いはいくつかの近接する生産工程をその組織内に保持するだけで，企業間で生産工程が分割されると考えられるためである。そして，こうした工業部門における企業規模の拡大や企業数の増加は工業部門全体の生産規模拡大につながるであろう。そこで我々は，観察期間の各年における工業生産規模の成長に対する企業数の増加と企業規模の拡大の比重を計測する。これにより，フルセット型と分業型という2種類の生産システムの計画経済期におけるプレゼンスを明らかにすることが出来よう。

ここで，工業生産額，企業数及び1企業あたり平均規模の関係を次のように表現できる。

$$Y_t = n_t \cdot y_t \tag{1}$$

（1）式において，Y，n，及び y は，それぞれ工業部門全体の付加価値額，企業数，及び1企業当たりの付加価値額を表す。t はインデックスナンバーで観察期間における各年を表す。そして，$t+1$ 年における工業付加価値額 Y_{t+1} は，以下のように，Y_t と工業付加価値額の増大に影響するいくつかの要素に分けられる。

$$\begin{aligned}
Y_{t+1} &= n_{t+1} \cdot y_{t+1} \\
&= (n_t + \Delta n)(y_t + \Delta y) \\
&= n_t \cdot y_t + n_t \cdot \Delta y + \Delta n \cdot y_t + \Delta n \cdot \Delta y \\
&= Y_t + n_t \cdot \Delta y + \Delta n \cdot y_t + \Delta n \cdot \Delta y
\end{aligned} \qquad (2)$$

（2）式における2，3，4項は工業部門全体の付加価値額に相当する。第2項は企業規模の拡大が工業部門全体の付加価値額の増大に貢献する寄与度を表している。ここで，工業部門全体の付加価値額に占める企業規模拡大の寄与度を g_1 として定義する。第3項は，工業部門の付加価値額増大に対する企業数の増加の貢献を示し，我々はこの企業数増加の工業付加価値額増大に対する寄与度を g_2 とする。第4項は，工業部門全体の付加価値額に対する企業規模拡大の寄与度と企業数増加の寄与度の相乗効果項であり，これを g_3 と定義する。そして企業規模拡大の工業部門全体の付加価値額増大への寄与度を表す g_1 の計測によって，フルセット型生産システムのプレゼンスを測る。また，企業数増加の工業部門全体の付加価値額増大への寄与度を表す g_2 の計測によって，分業型生産システムのプレゼンスを測定する。我々はまず，各省の g_1，g_2 について，観測期間における経年変化を計測する。

2.2 生産性，効率性への寄与

次に，上述した g_1，g_2 の計測結果を用いて，それぞれの稼働率及び生産性への影響を分析する。そのために，我々は以下のような実証モデルを設定する。

$$NWR_{it} = \alpha_i + \beta_{g_1} g_{1it} + \beta_{g_2} g_{2it} + e_{it} \tag{3}$$

ここで，NWR は企業の稼働率，α_i は i 省の個別効果項を示す。そして β_{g_1}，β_{g_2} は，実際には 1950 年代から 1980 年代各期の時期区分ダミーとの交差項として実証モデルに表れる。この事情は本章 (5) 式及び (6) 式でも同様である。稼働率（NWR）は中間投入量（M）の固定資産取得原価（原値）（K）に対する比率，M/K として計測される。ここで稼働率として採用されるデータ指標に関して述べておく。Basu (1996) は中間投入量のデータは，稼働率を表すのに合理的な指標であると指摘する。Basu (1996) はまた，アメリカ経済の実証分析に基づいて，中間投入量の増加のデータは観察されない資本と労働の利用状況の変化を測る指標として適切であることも見出している。これらを踏まえ，ここでは中間投入量は固定資産に対してその実質的な稼働率を測るものとして捉えられると考える。換言すれば，固定資産に対する中間投入の比率は，生産設備の稼働率を計測する指標として適切であるといえよう。

そして，(3) 式の β_{g_1} 及び β_{g_2} の想定される各状況下における予想される符号について述べると，もしフルセット型生産システムがよく機能するのであれば，企業の稼働率といった効率性はその生産システムの下で十分に高く，上記 (3) 式において g_1 は工業部門全体の稼働率に対して正の影響を持ち，したがってその係数推定値 β_{g_1} は正の値をとることが予想される。一方で，もし分業型生産システムの方が効率的で，その生産システムの下で企業の稼働率が十分に高い場合は，g_2 のプレゼンスの方が g_1 のそれよりも大きく，各省の工業部門では分業型システムの下でより高い稼働率が実現されているであろう。そしてその場合には，上記 (3) 式における g_2 は工業部門全体の稼働率に対して正の影響を持ち，その係数推定値 β_{g_2} は正の値をとることが予想されよう。もちろん g_1，g_2 のいずれもが稼働率に正の影響をもつ，或いは負の影響をもつ可能性も考えられる。

ここで，生産システムの効率性を分析する指標として，稼働率以外に

も採用可能なものがあるかもしれない。そこで我々は，その指標としてより広義に定義される生産性を用いて計量分析を行う。即ち，我々はフルセット型生産システムと分業型生産システムの広義の生産性の変化に対する影響を分析する。

より広義の生産性を計測するにあたって，下記のようなコブ・ダグラス型生産関数を推定する。

$$\ln Y = \alpha_i + \beta_k \ln K_{it} + \beta_L \ln L_{it} + e_{it} \tag{4}$$

ここで K は固定資産取得原価，L は従業員数を表す。

そして，(4) 式の生産関数の推定結果における残差が広義に定義される生産性として計測される。二つの生産システムによって実現される生産性の変化に対する影響の分析については，下記のような推定式の推定によって行う。

$$Productivity_{it} = \alpha_i + \beta_{g_1} g_{1it} + \beta_{g_2} g_{2it} + e_{it} \tag{5}$$

生産性の変化は稼働率の変化の一部を捉えて生じ得る。そこで企業の稼働率 (NWR) を独立変数として採用する。

$$Productivity_{it} = \alpha_i + \beta_{g_1} g_{1it} + \beta_{g_2} g_{2it} + \beta_{NWR} NWR_{it} + e_{it} \tag{6}$$

この推定式は，g_1，g_2 として計測される二つの生産システムの狭義の生産性変化に対する影響を分析するものである。ここで，狭義の生産性とは稼働率の影響を除外したものを意味し，上述のように企業の稼働率 (NWR) を独立変数として推定式に加えることで，この生産性への稼働率の影響がコントロール可能となる。

3 データ

　国家統計局国民経済綜合統計司編（2005）は，計画経済期を含む長期にわたる省レベルのマクロデータを提供している。これらのデータブックから本章では，各省の工業粗生産額，工業付加価値額，固定資産投資額，固定資産取得原価（原値），従業員数及び工業企業数の時系列データを使用する。

　各年における工業部門の固定資本ストックの数値は，固定資産投資及び固定資産取得原価（原値）のデータをもとに推計される。またこれらのデータは金額ベースのものであり，それぞれデフレータによって実質化が施されている。具体的には，工業付加価値額実質値については，工業粗生産額実質値と中間投入実質値の差として求められている。即ち工業付加価値額にはダブルデフレーションを施した。工業粗生産額は不変価格工業粗生産額を用いて1950年を基準とするデフレータを作成し，それによって実質化を行った。中間投入には，1950年を1とする農業副産品買付価格指数で実質化を行った。その上で，それぞれの実質値の差を工業付加価値額実質値とした。固定資産取得原価（K）には固定資産原値を用い，当該企業のデータ開始年のデータを基準値として毎年の粗投資額の実質値を足し上げていく，積み上げ方式によって実質化されている。このときのデフレータには1950年を1とする工場出荷価格指数が用いられている。

　これらのデータの記述統計は補表1に示されている。推定への利用にあたって，これらのデータは省別パネルデータとして構築される。

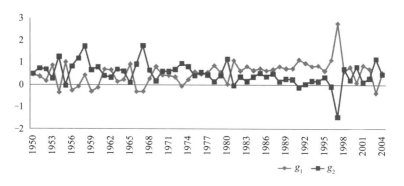

図 1-1　g_1 と g_2 の経年変化　1950 年から 2004 年

4　計測結果

　本節ではまず，g_1 及び g_2 の経年変化をみていく。これにより，2 つの生産システムの計画経済期中国におけるプレゼンスを把握する。続いて上述した実証モデルの推定結果を述べる。

4.1　2 つの生産組織形態の経済的プレゼンスの変化

　省データを用いた計測による 1950 年代から 1980 年代における g_1 及び g_2 の変化の傾向を図 1-1 に示す。
　ここで，g_2 は計画経済期において比較的高い値を示し，その一方で，g_1 は改革開放後に高い値をとり始めることが分かる。換言すれば，企業数の増加は，計画経済期中国においては企業数の増加が工業部門全体の生産額に対してより大きく貢献しており，改革開放後には企業規模の拡大が相対的に大きな貢献をする傾向が認められる。これらの観察結果は，計画経済期において，フルセット型生産システムのプレゼンスはこ

れまで指摘されるほど大きなものではなく，工業部門は分業型の生産システムを志向していた可能性を示唆している[5]。

但し，マクロ集計データによるこれらの分析は，計画経済期の工業部門の成長に対する企業数の増加による貢献が，企業規模拡大の貢献よりも，相対的に支配的だったことを示しているものの，フルセット型生産システムは，計画経済期中国において確かに存在していた。一方で，計画経済期中国の生産システムとの関連において分業型生産システムは，従来ほとんど語られることが無かったが，もしかすると事実としては，フルセット型生産システムよりもより広い産業領域をカバーしていた可能性も考えられる[6]。

4.2 生産組織形態の相違は企業の効率性決定にクリティカルか ── 推定結果

2 節における (3) 式及び (5)，(6) 式の推定結果は表 1-1 から 1-3 に示されている。

表 1-2 及び表 1-3 中における $Productivity_1$ は (4) 式の OLS による推定結果を用いて計測された生産性であり，$Productivity_2$ は (4) 式の固定効果モデルによる推定結果を用いて計測された生産性である。我々は 1950 年代から 1980 年代まで 5 年ごとの時期ダミーを推定式における係数 g_1 と g_2 の係数ダミーとして付し，時期ごとの係数推定値を推定する。

まず表 1-1 を見てみよう。表 1-1 は，稼働率 (NWR) を従属変数とするものである。g_1 についてみると，1950 年代にはプラスに有意であるが，1960 年代と 1970 年代後半及び 1980 年代にはマイナスに有意である。g_2 についても，1950 年代にはプラスに有意であるが，1960 年代と

---

5) この観察結果及びそれに基づく知見は，経済の成長部分，即ち規模の増大分に限定される。
6) 鄒・欧陽等 (2009) によれば，分業型生産システムが大躍進後の調整に増えることもあったという。

表 1-1 (3) 式の推定結果[1]

従属変数	NWR	
	固定効果モデル	変量効果モデル
$g_1 \times$ 1950 年代前半ダミー	0.64***	0.64***
	(9.64)	(9.62)
$g_1 \times$ 1950 年代後半ダミー	0.08*	0.08*
	(1.94)	(1.93)
$g_1 \times$ 1960 年代前半ダミー	-0.19***	-0.19***
	(-3.75)	(-3.74)
$g_1 \times$ 1960 年代後半ダミー	-0.13**	-0.13**
	(-2.18)	(-2.17)
$g_1 \times$ 1970 年代前半ダミー	-0.08	-0.08
	(-1.52)	(-1.43)
$g_1 \times$ 1970 年代後半ダミー	-0.19***	-0.18***
	(-3.44)	(-3.28)
$g_1 \times$ 1980 年代ダミー	-0.06*	-0.06*
	(-1.75)	(-1.67)
$g_2 \times$ 1950 年代前半ダミー	0.84***	0.84***
	(9.76)	(9.75)
$g_2 \times$ 1950 年代後半ダミー	0.24***	0.24***
	(5.48)	(5.47)
$g_2 \times$ 1960 年代前半ダミー	-0.23***	-0.23***
	(-3.83)	(-3.82)
$g_2 \times$ 1960 年代後半ダミー	-0.10**	-0.10**
	(-2.27)	(-2.25)
$g_2 \times$ 1970 年代前半ダミー	-0.13**	-0.12**
	(-2.08)	(-2.00)
$g_2 \times$ 1970 年代後半ダミー	-0.14***	-0.14***
	(-3.35)	(-3.28)
$g_2 \times$ 1980 年代ダミー	-0.07*	-0.07**
	(-1.95)	(-1.96)
定数項		0.96***
		(9.72)
P 値 (ハウスマン検定)[2]		0.16
修正済み R^2	0.63	0.05
観測値数	643	643

注1) ( ) 内には t 値が示されている。
　2) ハウスマン検定はランダム効果モデルの推定結果が一致性をもつという帰無仮説を検定している。
***, **, * はそれぞれ 1% 水準, 5% 水準, 10% 水準で有意であることを示す。

表 1-2 (5) 式の推定結果[1]

従属変数 [2]	Productivity $_1$		Productivity $_2$	
	固定効果モデル	変量効果モデル	固定効果モデル	変量効果モデル
$g_1 \times$ 1950 年代前半ダミー	0.37***	0.37***	0.24***	0.24***
	(9.90)	(9.90)	(6.41)	(6.43)
$g_1 \times$ 1950 年代後半ダミー	0.08***	0.08***	0.05**	0.05**
	(3.50)	(3.49)	(2.40)	(2.37)
$g_1 \times$ 1960 年代前半ダミー	-0.17***	-0.17***	-0.19***	-0.19***
	(-5.95)	(-5.96)	(-6.77)	(-6.75)
$g_1 \times$ 1960 年代後半ダミー	-0.17***	-0.17***	-0.18***	-0.18***
	(-4.85)	(-4.87)	(-5.18)	(-5.14)
$g_1 \times$ 1970 年代前半ダミー	-0.06**	-0.06**	-0.07**	-0.06*
	(-1.97)	(-1.96)	(-2.08)	(-1.92)
$g_1 \times$ 1970 年代後半ダミー	-0.11**	-0.11***	-0.09***	-0.08***
	(-3.49)	(-3.46)	(-2.98)	(-2.60)
$g_1 \times$ 1980 年代ダミー	0.0045	0.0049	0.04**	0.04**
	(0.23)	(0.25)	(2.20)	(2.33)
$g_2 \times$ 1950 年代前半ダミー	0.47***	0.47***	0.30***	0.30***
	(9.70)	(9.71)	(6.17)	(6.22)
$g_2 \times$ 1950 年代後半ダミー	0.08***	0.08***	0.03	0.03
	(3.46)	(3.46)	(1.22)	(1.17)
$g_2 \times$ 1960 年代前半ダミー	-0.20***	-0.20***	-0.23***	-0.23***
	(-6.02)	(-6.03)	(-6.85)	(-6.82)
$g_2 \times$ 1960 年代後半ダミー	-0.12***	-0.12***	-0.13***	-0.13***
	(-4.66)	(-4.67)	(-5.05)	(-5.01)
$g_2 \times$ 1970 年代前半ダミー	-0.08**	-0.08**	-0.08**	-0.07**
	(-2.28)	(-2.28)	(-2.24)	(-2.07)
$g_2 \times$ 1970 年代後半ダミー	-0.06***	-0.06***	-0.05**	-0.05**
	(-2.66)	(-2.64)	(-2.18)	(-2.00)
$g_2 \times$ 1980 年代ダミー	0.01	0.01	0.04**	0.04*
	(0.40)	(0.41)	(2.14)	(1.96)
定数項		0.05		0.02
		(0.35)		(1.26)
P 値（ハウスマン検定）		0.22		0.33
修正済み R^2	0.92	0.02	0.20	0.20
観測値数	643	643	643	643

注 1) 表 1-1 の注 1 及び注 2 を参照のこと。
 2) Productivity $_1$ は (4) 式の OLS による推定結果を用いて計測された生産性であり，Productivity $_2$ は (4) 式の固定効果モデルによる推定結果を用いて計測された生産性である。
 ***, **, * はそれぞれ 1% 水準，5% 水準，10% 水準で有意であることを示す。

表 1-3 (6) 式の推定結果[1]

従属変数[2]	Productivity $_1$		Productivity $_2$	
	固定効果モデル	変量効果モデル	固定効果モデル	変量効果モデル
NWR	0.31***	0.31***	0.26***	0.19***
	(16.17)	(16.31)	(12.78)	(11.82)
g_1 × 1950 年代前半ダミー	0.17***	0.17***	0.07**	0.12***
	(5.12)	(5.10)	(2.05)	(3.58)
g_1 × 1950 年代後半ダミー	0.05***	0.05***	0.03*	0.04**
	(2.91)	(2.90)	(1.69)	(2.00)
g_1 × 1960 年代前半ダミー	-0.11***	-0.11***	-0.14***	-0.16***
	(-4.60)	(-4.59)	(-5.61)	(-6.22)
g_1 × 1960 年代後半ダミー	-0.13***	-0.13***	-0.15***	-0.16***
	(-4.39)	(-4.39)	(-4.70)	(-5.02)
g_1 × 1970 年代前半ダミー	-0.04	-0.04	-0.04	-0.06**
	(-1.36)	(-1.35)	(-1.55)	(-2.05)
g_1 × 1970 年代後半ダミー	-0.05*	-0.05*	-0.04	-0.07**
	(-1.77)	(-1.74)	(-1.43)	(-2.38)
g_1 × 1980 年代ダミー	0.02	0.02	0.06***	0.05***
	(1.40)	(1.42)	(3.36)	(2.79)
g_2 × 1950 年代前半ダミー	0.21***	0.21***	0.08*	0.14***
	(4.83)	(4.80)	(1.74)	(3.22)
g_2 × 1950 年代後半ダミー	0.01	0.01	-0.03	-0.01
	(0.51)	(0.50)	(-1.45)	(-0.59)
g_2 × 1960 年代前半ダミー	-0.13***	-0.13***	-0.17***	-0.19***
	(-4.62)	(-4.62)	(-5.65)	(-6.28)
g_2 × 1960 年代後半ダミー	-0.09***	-0.09***	-0.11***	-0.11***
	(-4.10)	(-4.10)	(-4.51)	(-4.85)
g_2 × 1970 年代前半ダミー	-0.04	-0.04	-0.04	-0.06*
	(-1.35)	(-1.35)	(-1.43)	(-1.95)
g_2 × 1970 年代後半ダミー	-0.02	-0.02	-0.01	-0.03
	(-0.87)	(-0.85)	(-0.60)	(-1.35)
g_2 × 1980 年代ダミー	0.03*	0.03*	0.06***	0.05***
	(1.75)	(1.77)	(3.41)	(2.97)
定数項		-0.25*		-0.15***
		(-1.89)		(-6.06)
P 値 (ハウスマン検定)		0.25		0.0017
修正済み R^2	0.94	0.18	0.37	0.31
観測値数	643	643	643	643

注 1) 表 1-1 の注 1 及び注 2 を参照のこと。
　 2) 表 1-2 の注 2 を参照のこと。
***, **, * はそれぞれ 1% 水準, 5% 水準, 10% 水準で有意であることを示す。

1970年代,1980年代にはマイナスに有意である。これよりフルセット型及び分業型生産システムは,1950年代において,企業の稼働率に対するメリットが,そのデメリットよりも強かったことが分かる。但し,その傾向は1960年代,1970年代には見られず,むしろデメリットが強かったことが分かる。

表1-2は稼働率を含む広義の生産性を従属変数として採用した推定式の,表1-3は稼働率を含まない狭義の生産性を従属変数とする推定式の推定結果を示している。表1-2についてみると,g_1,g_2ともに主として1950年代にはプラスに有意であるが,1960年代と1970年代にはマイナスに有意となっており,1980年代になってプラスに有意に転じている。また,表1-3をみると,g_1は,1950年代にはプラスに有意であるが,1960年代と1970年代後半にはマイナスに有意である。g_2については,1950年代前半にはプラスに有意であるが,1960年代と1970年代後半及び1980年代にはマイナスに有意である。そして1980年代にはプラスに有意に転じている。

ここで,g_1とg_2の数値の推移と併せて推定結果について考察してみよう。図1-1に示すように,計画経済期にはg_1はしばしば負の値をとっており,また同様にg_2よりも低い値をとっているが,g_2は常に正の値をとっている。そしてg_2は1950年代前半には従属変数である*NWR*や広義の生産性 *Productivity* $_1$,及び狭義の生産性 *Productivity* $_2$ に対して正に有意な影響を与えている。これは企業数を増加させるという成長戦略は1950年代前半当時において合理性を有していたことを意味する。しかし一方で,g_1それ自身は1950年代のいくつかの時点で負の値をとっている。これは当時においてフルセット型生産システムの積極的導入があったとしても,分業型生産システムによる工業生産拡大効果が相当に大きく,それは企業数の増大を意味するため,平均企業規模が縮小することもあったことを示すであろう。推定結果についていえば,従属変数の *NWR* や広義の生産性 *Productivity* $_1$,及び狭義の生産性 *Productivity* $_2$ に対して正に有意な影響を持っているため,当時の工業部門全体におい

てはフルセット型生産システムは支配的だったとは言えないものの，それも合理的なものであったといえよう。

但し 1960 年代, 1970 年代にはその様相は 1950 年代とは異なったものになる。計画経済期が続く 1960 年代と 1970 年代において，推定結果が示すように従属変数の NWR や広義の生産性 $Productivity_1$, 及び狭義の生産性 $Productivity_2$ に対して g_1 は負に有意である。したがって，その時期にはフルセット型生産システムの採用は成長戦略として妥当なものではなかったといえよう。

g_2 も 1960 年代及び 1970 年代に，従属変数の NWR や広義の生産性 $Productivity_1$, 及び狭義の生産性 $Productivity_2$ に対して負に有意である。そして，その数値自体は正の値をとっているということは，分業型生産システムを継続させる成長戦略が積極的に採用されたことを含意する。つまり，分業型生産システムの継続は，先にみた分析結果から考えると，稼働率と生産性を低下させ，結果として生産システムの効率性を低下させたであろうと考えられる。

そして，こうした妥当性を持たない分業型生産システムの採用は，経済的効率性，経済余剰を犠牲にしてでも企業や工場を地理的に分散させるという政治的・軍事的必要性に起因していた可能性もある。或いは，先行研究が指摘するように，大躍進政策の失敗からの回復時期において，生産工程のごく短い一部を受け持つ相対的小規模企業の育成がみられたこととの関連性も考えられる。そしてこれは，フルセット型生産システムをとる少数の大規模企業よりも多数の小規模企業を生成させることにつながったといえよう。

5 まとめ

本章の内容は以下のようにまとめられる。

第一に，分析結果より，計画経済期中国の工業部門において，企業数の増加の方が一企業の規模の拡大よりも支配的であった。この意味で，フルセット型生産システムのプレゼンスは一般的に認識されているよりも小さく，工業部門では分業型生産システムを志向する傾向を一定程度持っていたのではないかと考えられる。

　第二に，フルセット型生産システム，及び分業型生産システムはいずれも1950年代においては工業部門の稼働率に対して正の効果を持っていたが，1960年代，1970年代には負の効果を持つに至っている。

　第三に，したがって1950年代の中国においては，分業型生産システムを採用することは経済的に妥当な戦略であったといえるが，1960年代，1970年代にはその妥当性が消失している。これについてはおそらく，政治・軍事的理由から，企業や工場が立地上経済的によりコストがかかる「三線建設」をはじめとする政策が取られ，地理的に分散したため，或いは，経済の疲弊により，より生産工程が短い企業の育成が行われた，といったことにより，分業型生産システムも妥当性を持たないという結果に帰したと考えられる。

　但し，本章で得られた知見は，省別マクロデータの分析に基づくものである。今後，より分析を深めていく必要があり，そのためには個別企業レベルのマイクロデータによるより精緻な実証分析が必要となるであろう。そこで，その第一段階として，次章ではマイクロデータを用いて企業の生産性の分析を行っていく。

補表 1 集計データ記述統計

年	企業数 平均	標準偏差	Y 平均	標準偏差	GY 平均	標準偏差	K 平均	標準偏差	L 平均	標準偏差
1952	9276.29	17229.28	3.45	3.25	9.75	9.76	7.14	13.10	57.07	40.88
1953	11396.95	21358.06	4.57	4.51	13.71	13.95	8.41	14.71	66.84	46.71
1954	11674.77	20758.30	5.31	5.05	15.47	14.94	10.96	19.23	70.86	46.01
1955	8965.05	14109.65	5.78	5.42	15.64	15.10	12.51	21.12	75.61	44.37
1956	4081.14	3871.04	7.41	7.28	20.24	20.68	15.31	23.79	108.17	61.63
1957	5439.68	5509.47	8.24	8.42	20.82	20.91	18.08	26.65	107.98	63.10
1958	14140.91	16922.89	12.89	13.44	35.81	35.16	23.12	29.74	179.85	88.51
1959	8192.48	4602.44	17.52	18.56	50.78	47.74	26.29	31.36	176.13	90.62
1960	7031.70	3727.93	21.13	23.93	60.20	57.46	31.98	32.36	195.14	100.36
1961	6189.26	3940.38	10.86	11.13	32.06	30.61	33.66	32.73	167.88	87.20
1962	6073.97	4003.56	8.84	8.33	25.23	23.78	33.85	31.45	136.10	74.76
1963	5350.65	3558.75	10.05	9.92	29.54	28.72	34.97	31.99	142.66	74.50
1964	4979.46	3654.03	12.16	11.57	34.93	34.21	36.81	33.52	149.97	78.04
1965	5094.55	3262.36	15.19	14.60	41.29	39.39	37.39	34.30	153.49	83.06
1966	5611.22	6385.42	17.94	17.30	53.43	49.70	41.26	34.85	155.58	81.03
1967	5323.73	6378.89	15.49	15.17	46.45	42.76	42.65	34.70	158.39	82.97
1968	5318.05	6646.60	15.05	17.15	44.73	47.01	43.88	34.23	162.70	86.93
1969	5785.92	6348.09	19.75	21.03	59.52	58.23	47.20	35.17	177.62	95.96
1970	6924.93	5898.76	25.85	24.68	70.73	64.39	55.64	37.76	189.44	100.98
1971	7648.00	6422.60	29.78	27.38	85.83	75.18	64.04	42.41	224.31	116.47
1972	8042.29	6880.01	31.20	28.38	90.77	80.59	72.40	46.39	235.48	119.97
1973	8298.92	6804.84	33.75	31.19	99.35	88.37	78.30	50.88	238.58	123.79
1974	8722.58	7261.47	33.70	34.01	100.24	93.59	84.27	55.23	246.09	127.64
1975	9179.37	6493.09	38.68	35.92	106.51	94.28	89.04	58.87	416.29	940.51
1976	10466.70	6838.40	38.96	38.67	116.02	104.83	96.59	63.46	275.95	141.51
1977	11231.70	7088.37	44.92	41.58	132.35	112.34	105.55	69.41	291.34	151.75
1978	11245.35	7460.09	51.95	46.83	139.65	118.73	109.07	73.46	302.31	160.83
1979	11585.57	7918.71	56.22	50.09	154.47	130.46	116.93	76.59	330.71	168.09
1980	12174.29	8563.18	62.37	54.87	164.89	142.33	122.36	84.13	335.72	180.45
1981	12345.68	8768.04	63.83	56.45	174.09	151.27	132.76	89.87	357.56	192.99
1982	12536.42	8867.14	67.33	58.56	187.76	159.99	144.11	97.00	368.06	199.46
1983	12662.32	8978.37	74.15	63.89	208.57	175.96	156.84	106.96	375.80	204.89
1984	14103.84	10191.97	86.90	72.84	241.19	204.26	170.17	113.71	388.08	212.35
1985	23679.84	50159.66	102.61	87.82	289.49	249.91	195.87	128.47	398.83	219.40
1986	26080.35	57225.53	109.87	93.29	328.57	286.85	221.61	146.03	413.18	228.24
1987	29049.94	71852.13	124.53	106.55	385.86	344.47	253.43	167.12	426.24	236.08
1988	29400.81	72263.20	144.53	123.57	466.78	428.59	289.79	194.23	438.92	244.54
1989	29132.55	69605.25	152.07	128.59	506.47	463.46	334.28	224.74	443.02	245.84

出所：『中国五十五年統計資料匯編』より筆者作成

第2章 工業部門の生産性と技術進歩
── 悪条件の中の光明

1 技術進歩はみられたのか ── 本章の目的

　本章の目的は，計画経済期の工業部門における技術の特徴を明らかにすることにある。具体的には技術進歩の有無，技術進歩の特徴を分析する。そのために企業マイクロデータを用い，2種類の生産関数を推定・分析する。

　改革開放期における企業の生産性分析についての先行研究は，いうまでもなく豊富に存在する[1]。それらの先行研究では，国有企業と民営企業，外資企業等，異なる所有制度の企業グループ間での生産性レベルの差の有無，各企業における生産性の推移等が実証的に明らかにされている。そしてそこでの問題意識は，主として改革開放期に入って導入された市場経済システムと親和的な各種の新しい制度の導入によって，工業部門が生産性の改善という計画経済からの転換の目的を達成しているのか，或いは改革開放期に入って発展してきた非公有企業がどの程度生産性フロンティアを拡大したか，といった改革開放・市場経済化の評価と密接に関連するものである。

　中国企業について独自の調査をもとにマイクロデータを用いて生産性

---

[1] 独自の調査によるマイクロデータや公刊されたマクロデータが入手可能になった，という大きな変化もこの研究が盛んになった大きな背景にある。

を巡る実証分析を行った先行研究には劉（1992）や Murakami（1994），大塚他（1995），劉（1999）等がある。こうした諸研究により，マイクロデータの取り扱いにおける注意点や，より精緻な生産性計測のための留意点が明確になり，後続の関連する諸研究に大きな示唆を与えたといえよう。また，Jefferson（1990），Lee（1990），Svejnar（1990），Dollar（1991），Jefferson and Xu（1991），Groves et al.（1994），Dong and Putterman（1997），Jefferson（1999），Jefferson et al.（1996, 1999），Pitt and Putterman（1999）や，Jefferson（1989），Jefferson et al.（1992）も生産性を巡る議論を行っている。これらはいずれも中国企業に注目した研究であることより，改革開放初期，或いは前半期における中国企業に対する改革の成果への注目が如何に高かったかを物語っているといえよう。

　一方，計画経済期の企業の生産性，技術進歩に関する研究，特にマイクロレベルでのそれは極めて少ないといえるであろう。計画経済期の工業部門に対する研究は，前章でも述べたように，ほとんどの場合においてマクロデータを用いて分析を行っている。それに対して本章では，マイクロデータを用いて生産性の分析を行う[2]。

　本章における分析テーマに関連して，Chen et al.（1988）は，マクロデータを用いて計画経済期の生産性推移を計測している。但し，生産技術の特徴までは分析を行っていない。また，Wang and Yao（2003）のように，計画経済期から改革開放にかけて人的資本蓄積がみられたか否か，その状況に注目している先行研究もある。

　マイクロデータを用いて生産性の分析を行うメリットとしては，個別企業の生産性をマクロデータを用いた場合よりも，より正確に計測することが出来る点が挙げられる。マクロデータは集計データであるため，それを用いて得られた生産性計測結果には，企業の生産性のみでなく，

---

[2] 序章で言及した個別企業マイクロデータの代表性に関連して，ここではその企業の所在地域の状況が他の中国の多くの地域の状況，即ち上述したような状況から著しく逸脱していないかどうかを確認する。その内容を本章末の Appendix に示す。

企業間における要素配分の効率性・非効率性も含まれてしまう。したがってより純粋に企業の生産性・技術進歩を明らかにできるという意味でマイクロデータを用いて計測を行う方が望ましい。

また，技術進歩の特徴分析については，計画経済期に採られた経済諸政策から改革開放期の経済諸政策へのシフトに対する評価と関連して重要である。当時の経済政策としては重工業優先戦略が採用されていた。そして改革開放後，発展戦略の重点は軽工業部門へシフトし，それによって労働が資本よりも相対的に多いという中国の資源賦存状況に合致する発展戦略の採用が可能になり，経済発展が成功した，といわれる。但し，発展戦略とは別に，計画経済期に中国工業部門がもっていた技術が中国の資源賦存状況に合致するものであったか否かは明らかにされていない。果たして計画経済期に中国工業部門が持っていた技術的特徴は，改革開放期に入って初めて資源賦存状況に合致するようなものになったのか，それとも，計画経済時代にすでに，技術の特徴は資源賦存状況に合致するものであったのか。つまりこれは改革開放導入のタイミングと関連して重要なトピックと考えられる。

そこで本章では，企業マイクロデータを用いた分析を行い，当時の企業がもつ技術の性質の解明を試みる[3]。この分析には次のような意義がある。第一に上述したようにこれまで先行研究が明らかにしてこなかった計画経済期の企業レベルでの生産性，技術進歩の特徴を解明できる，第二に改革開放への転換の前段階となる計画経済期に，企業はどのような生産性レベルにあったのか，技術進歩はみられたのか，またその特徴は如何なるものであったのかを知ることで，改革開放，更には市場経済

---

3) 本章では生産性水準，技術の性質解明には生産関数の推定結果を用いる。一般に生産関数は理論上の仮定が緩く，単に投入と生産の関係を示したものにすぎない。即ち経済体制の相違による理論上の仮定の妥当性を考慮・懸念する必要がほとんどないため，計画経済期中国の分析に用いることにも不都合はないと考えられる。且つ，技術のレベル，及び技術進歩の特徴は，経済発展，企業の成長のもっとも基礎的な条件であるため，その分析の重要性も極めて高い。

化への舵切りを可能にする初期条件を技術面において知ることが出来る，という2点である．

以下の構成は次のとおりである．次節で生産性推移の計測，技術進歩の特徴解明のために生産関数モデルを設定する．3節ではデータ及びその実質化について述べ，4節で推定結果及び計測結果を提示する．そして5節で本章のまとめと結論を述べる．

2 生産関数アプローチ —— 分析枠組

2.1 生産性の計測

以下のコブ・ダグラス型生産関数の推定結果を用いて生産性を計測する．ここでは次のような生産関数の推定結果を用いて計測される *TFP*，即ち total factor productivity（全要素生産性）を生産性と捉える．以下の章における生産性（*TFP*）についても事情は同様である．

$$\ln GY_{it} = \alpha_i + \Sigma \beta_{Km}(\ln K_{it} \times D_m) + \Sigma \beta_{Lm}(\ln L_{it} \times D_m) \\ + \Sigma \beta_{Mm}(\ln M_{it} \times D_m) + e_{it} \tag{1}$$

ここで，ln*GY* は工業粗生産額の対数値，ln*K* は固定資産取得原価（原値）の対数値，ln*L* は労働者数の対数値，ln*M* は中間投入額の対数値を表す．そして *D* は業種ダミー[4]を，*e* は誤差項を示す．

i, t, m はそれぞれ企業インデックスナンバー，年インデックスナンバー，業種インデックスナンバーを表している．α_i は企業個別効果項を，β_{Km}，β_{Lm}，β_{Mm} は推定されるべきパラメータである．生産性の計測について，具体的にここでは *TFP* を（1）式の推定結果における定数項と残差の和

---

[4] 業種区分については表1を参照されたい．

と定義し，その計測においては α と e の推定結果を用いる。ここから得られる誤差項 e_{it} の推定値としての残差項は，産業別に推計された各企業の TFP と解釈できる。

2.2　技術進歩の特徴分析

次に技術進歩の特徴を明らかにするために，下記のような生産関数を設定する。ここでは技術進歩の代理変数としてタイムトレンド（Time）を含むトランスログ型を生産関数型として採用する。

$$\ln GY_{it} = \alpha_i + \beta_K \ln K_{it} + \beta_L \ln L_{it} + \beta_M \ln M_{it} + \beta_T Time$$
$$+ 1/2\beta_{KK}(\ln K_{it})^2 + 1/2\beta_{LL}(\ln L_{it})^2 + 1/2\beta_{MM}(\ln M_{it})^2 + 1/2\beta_{TT} Time^2$$
$$+ 1/2\beta_{KL}\ln K_{it}\ln L_{it} + 1/2\beta_{LM}\ln L_{it}\ln M_{it} + 1/2\beta_{KM}\ln K_{it}\ln M_{it}$$
$$+ \beta_{KT}\ln K_{it} Time + \beta_{LT}\ln L_{it} Time + \beta_{MT}\ln M_{it} Time \qquad (2)$$

ここで，(2) 式における各変数は (1) 式と同様に $\ln GY$, $\ln K$, $\ln L$, $\ln M$ はそれぞれ工業粗生産額対数値，固定資産取得原価対数値，労働者数対数値，中間投入額対数値を表し，i, t はそれぞれ企業インデックスナンバー，年インデックスナンバーを表す[5]。また Time はタイムトレンドを示し，ここでは技術進歩を表す。α_i, β_K, β_L, β_M, β_T, β_{KK}, β_{LL}, β_{MM}, β_{TT}, β_{KL}, β_{LM}, β_{KM}, β_{KT}, β_{LT}, β_{MT} は推定すべきパラメータである。

この (2) 式が任意の n 次同次性を持つという意味での同次性条件を (2) 式に課すと，

$$\ln GY_{it} = \alpha_i + \beta_K \ln K_{it} + \beta_L \ln L_{it} + \beta_M \ln M_{it} + \beta_T Time$$
$$- 1/2\beta_{KL}(\ln K_{it} - \ln L_{it})^2 - 1/2\beta_{LM}(\ln L_{it} - \ln M_{it})^2$$
$$- 1/2\beta_{KM}(\ln K_{it} - \ln M_{it})^2 + 1/2\beta_{TT} Time^2$$
$$+ \beta_{KT}(\ln K_{it} - \ln M_{it})Time + \beta_{LT}(\ln L_{it} - \ln M_{it})Time \qquad (3)$$

---

5)　(2) 式においては業種ダミー及び業種インデックスは推定時の都合上変数として採用しない。

と書き換えられる。ここで，後に行う時変の同次性係数 $n\,(Time)$ の計測[6]のために(2)式におけるタイムトレンド($Time$)を含む項以外に同次性を課すと，(3)式は

$$\ln GY_{it} = \alpha_i + \beta_K \ln K_{it} + \beta_L \ln L_{it} + \beta_M \ln M_{it} + \beta_T Time$$
$$- 1/2\beta_{KL}(\ln K_{it} - \ln L_{it})^2 - 1/2\beta_{LM}(\ln L_{it} - \ln M_{it})^2$$
$$- 1/2\beta_{KM}(\ln K_{it} - \ln M_{it})^2 + 1/2\beta_{TT} Time^2 + \beta_{KT} \ln K_{it} Time$$
$$+ \beta_{LT} \ln L_{it} Time + \beta_{MT} \ln M_{it} Time \tag{4}$$

となる。
そして，この(3)式及び(4)式において，

$$S_K = \partial \ln GY / \partial \ln K$$
$$S_L = \partial \ln GY / \partial \ln L$$

とすると，

$$\beta_{KT} = \partial S_K / \partial Time$$
$$\beta_{LT} = \partial S_L / \partial Time$$

である。つまり，(3)式及び(4)式における β_{KT}，β_{LT} が，技術進歩のバイアスを示すことが分かる。そしてそのバイアス方向はパラメータ推定値の符合によって知ることが出来る。具体的には，

$$\beta_{KT} = \partial S_K / \partial Time > 0$$

であれば，資本使用的な技術進歩の特徴を持つことを表す。つまり資本を投入することでより技術進歩が加速することを意味する。逆に

$$\beta_{KT} = \partial S_K / \partial Time < 0$$

であれば，資本節約的な技術進歩の特徴を持つことを表す。同様に

---

[6] 本書の第5章でおこなう。

$\beta_{LT} = \partial S_L / \partial Time > 0$

であれば，労働使用的な技術進歩の特徴，即ち労働力を投入することでより技術進歩が加速する，という技術進歩の性質が当該期間において生じていたことを示す。逆に

$\beta_{LT} = \partial S_L / \partial Time < 0$ であれば

労働節約的な技術進歩の特徴を持つことを表す。

　当時の中国の要素賦存状況から見れば，相対的に資本は少なく，労働が多いため，当時における技術進歩は労働使用的であることが状況に適合的であるといえる。

　推定に際しては，固定資産取得原価（K）を含む項とタイムトレンド（$Time$）項との多重共線性を回避するため，この（3），（4）式に$\beta_T = 0$の制約を加えた（3'）式，及び（4'）式に基づいて回帰を行う。即ち

$$\ln GY_{it} = \alpha_i + \beta_K \ln K_{it} + \beta_L \ln L_{it} + \beta_M \ln M_{it}$$
$$- 1/2\beta_{KL}(\ln K_{it} - \ln L_{it})^2 - 1/2\beta_{LM}(\ln L_{it} - \ln M_{it})^2$$
$$- 1/2\beta_{KM}(\ln K_{it} - \ln M_{it})^2 + 1/2\beta_{TT} Time^2$$
$$+ \beta_{KT}(\ln K_{it} - \ln M_{it})Time + \beta_{LT}(\ln L_{it} - \ln M_{it})Time + e_{it} \quad (3')$$

$$\ln GY_{it} = \alpha_i + \beta_K \ln K_{it} + \beta_L \ln L_{it} + \beta_M \ln M_{it}$$
$$- 1/2\beta_{KL}(\ln K_{it} - \ln L_{it})^2 - 1/2\beta_{LM}(\ln L_{it} - \ln M_{it})^2$$
$$- 1/2\beta_{KM}(\ln K_{it} - \ln M_{it})^2 + 1/2\beta_{TT} Time^2$$
$$+ \beta_{KT} \ln K_{it} Time + \beta_{LT} \ln L_{it} Time + \beta_{MT} \ln M_{it} Time + e_{it} \quad (4')$$

を推定する。

3 データ及びその実質化

3.1 計画経済期の企業マイクロデータ
―― 計測・推定に用いられるデータ

　以下の計測，推定に用いられるデータは，南昌市軽工業国営企業マイクロデータの 1952 年から 1980 年のものである。ここで，軽工業企業を分析対象に選択した理由は，改革開放後の企業や工業部門の改革との連続性は如何なるものであったのかを考察するためである。周知のように改革開放の初期には，重工業よりも軽工業の発展が顕著であった。

　推定に使用されるマイクロデータは，工業粗生産額，固定資産取得原価，流動資金，年末職工人数である。工業粗生産額は不変価格の国営企業工業粗生産額を用いて 1950 年を基準とするデフレータを作成し，それによって実質化を行った。中間投入には，流動資金が用いられており[7]，

---

[7]　中間投入量を直接的に表すデータが無いケースにおいて，生産性の計測を行った先行諸研究では，一般に総生産額と付加価値額の差額が用いられる。しかし，我々のデータセットには付加価値額データが存在しないため，流動資金が中間投入量の代替指標として用いられている。ここで中間投入量データと流動資金データの性質の違いに配慮する必要があろう。即ち，中間投入量データとは異なり，流動資金データは金額ベースであるため，流動資金の回転如何によっては実際に投下された中間投入量を過小評価してしまう可能性がある。そしてそこには稼働率の概念が密接にかかわる。そこで，稼働率変数を明示的に生産関数の中に導入することを試みる。具体的には，第一段階目に稼働率変数を入れずに生産関数の推定を行い，そこでの予測値を使って次のような稼働率変数を作成する。具体的には $G\hat{Y}/WK$ である。ここで $G\hat{Y}$ は第一段階目の推定結果を用いた予測値である。総生産額は売上額と極めて近似しているため，この変数は流動資金の回転の概念をそのまま反映したものである。

表2-1 業種区分

1	食品，タバコ
2	印刷，金物，陶磁器，自転車
3	ゴム製品等
4	時計等
5	紡織
6	縫製

出所：筆者作成

1950年を1とする農業副産品買付価格指数[8]で実質化を行った。固定資産取得原価 (K) には固定資産原値データを用いる。そして当該企業のデータ開始年を基準値とし，毎年の粗投資額の1950年を1とするデフレータによって実質化された実質値を足し上げていく，積み上げ方式によって固定資産取得原価 (K) は実質化されている。このときのデフレータには1950年を1とする工場出荷価格指数が用いられている。

上述の各指標データの記述統計は補表2に示している[9]。尚，業種ダミーに用いられる業種区分は表2-1に示す。

3.2 マクロ経済的状況の概観

ここで，まず中国全体のマクロデータ[10]から，当時の概況を把握しておこう。最初に生産額について所有制別，及び業種別の特徴を概観する。

[8) 軽工業の原材料調達価格に比較的大きな影響を与えると考えられる農業製品の価格指数をここでは用いる。
[9) マクロデータについても同様の方法で実質化が施されている。その理由は，本節の次項で生産量，資本装備率等の各指標を用いて，生産や技術に関しての記述統計分析を行うため，マクロデータについても実質化の必要があることによる。
[10) マクロ経済の状況把握のために提示される記述統計のデータの出所は，国家統計局国民経済綜合統計司編（2005）である。

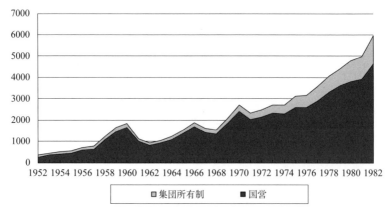

図2-1　工業生産額の所有制比較

　図2-1は，工業粗生産額全体に占める国営企業の工業粗生産額の比率を経年推移で示したものである。ここで，1960年代までは国営企業の工業生産額比率が圧倒的に高く，1970年代中盤以降，改革開放期の1982年にかけて，集団所有制企業の比率が上昇するものの，やはりシェアのほとんどを国営企業が占めていることが確認できる。

　図2-2は，工業粗生産額にみる重工業部門の総生産額と軽工業部門のそれを比較したものである。ここで経済発展段階が低い段階にある1950年代，1960年代を含め，計画経済期はほぼ一貫して重工業部門の総生産額シェアが半分以上を占めている。これは，よく知られる計画経済期に採用された重工業重点戦略により，経済発展の初期段階から重工業の発展が生産額ベースでみられたことを裏付けている[11]。但し，重工業部門は大躍進期とその後，文化大革命初期，1970年代の洋躍進[12] 等

---

11) 中兼（2002a）には，長期経済発展の展望の中で，重工業化の進展について韓国，台湾と比較して中国のそれは現代に続く経済発展の比較的初期の段階である計画経済時代において既に極めて高かったことが記されている。
12) 海外から先進設備を導入した1970年代の政策を指す。但し，その導入の仕方

第2章　工業部門の生産性と技術進歩

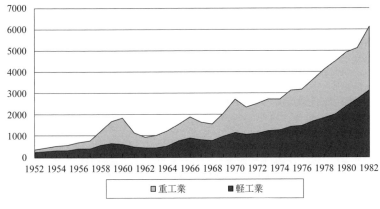

図2-2　軽工業・重工業総生産額割合推移

といった，各時期における政策や社会的事情を受けてその生産に突発的な増減が見られるが，軽工業部門ではそれに対して比較的安定的な増加傾向にあった。即ち計画経済期における重工業優先戦略の中で，重工業部門は政策の影響を受けやすかったのに比べて[13]軽工業部門は打撃を含めて影響は限定的であった。

図2-3は，農業，工業各部門の労働者の内訳及び推移を示したものである。これより，周知のように労働者数の大部分は農業部門に属しており，工業部門に属する労働者の比重は，1958〜60年代初頭の一時期

　　は国内の経済状況への配慮が足らず，「盲目的」であった。例えば1978年の基本建設投資の規模は1977年から31.2%増加しており，このような急速な投資拡大は，大躍進時に匹敵するという。そして当時の経済力では受容しきれない規模となっており，現実や経済メカニズムを無視したものであったと指摘されている（鄒・欧陽等，2009）。
13）　大躍進後の調整期には，企業の閉鎖・合併・生産停止等が行われ，供給能力のコントロールが行われた，という（王，2006a）。ここでの記述統計はこうした措置の結果をある程度反映していると考えられる。

47

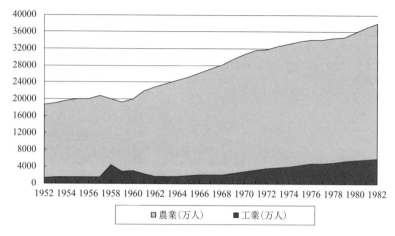

図 2-3　労働者数推移

を除くすべての時期において 10％以下から 15％前後を占めるのみであることが分かる。また，1958 年からの一時的な工業部門での労働者数の増加，及びそれと同時に生じている農業労働者の減少は大躍進政策によるものであることもうかがえる。

次に工業部門の労働者数に目を向けて見よう。

図 2-4 は，工業部門労働者中の国営企業従事者と集団所有制企業従事者の内訳をみたものである。ここで，工業部門労働者の大部分が国営企業従事者であることが分かる[14]。

以上より，計画経済時代の当時において豊富と言われる労働力については，工業部門への投入量，つまり国営及び集団所有制企業従業員の数は限定的であった。これより，要素賦存状況から見ると，豊富な労働力

---

[14] つまり，工業部門に投下された労働資源はその多くが国営企業を対象としたものであった。この意味で国営企業データを取り扱うことは，当時の工業部門の状況を知る上で妥当であるといえる。

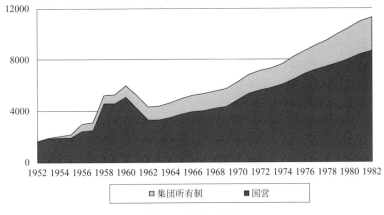

図 2-4 従業員数推移

を抱えているものの，工業部門では必ずしもそれを十分に活用していないことがうかがえる。但し，工業部門への限定的な労働力の採用は，当時の重工業優先戦略を支える必要性から生じたものであった。したがって，工業部門への十分な労働力の活用が見られないことは政策的な「失敗」の結果では必ずしもないといえよう[15]。

次に，推定に使用される国営企業マイクロデータの特徴を，上で見たマクロデータとの比較で見てみよう。

図 2-5 から図 2-7 は，推定に使用される国営企業マイクロデータの企業の平均規模と，全国レベルのマクロデータにおける国営企業の平均規模を総生産額，固定資産取得原価，従業員数でそれぞれ比較したものである[16]。図 2-5 の総生産額でみると，推定に使用される国営企業マイ

---

15) 当時の重工業優先戦略のもとでは，国家的に厳しい資本制約の中，工業部門，特に重工業部門の発展が急がれていた。そのため，資本を優先的に重工業部門の設備投資等へ投下することが重要な課題であった。したがって工業部門で採用する労働者の数は出来る限り限定された。

16) 但し，全国レベルのマクロデータについては，1957 年までと 1966 年から 1969

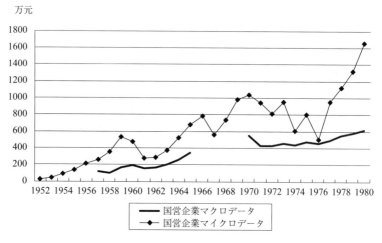

図2-5 企業規模比較（総生産額にみる）

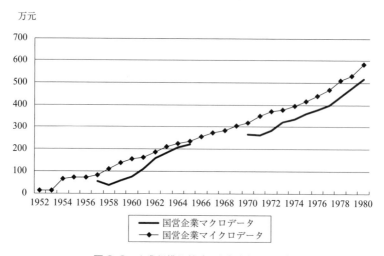

図2-6 企業規模比較（固定資産額にみる）

第 2 章 工業部門の生産性と技術進歩

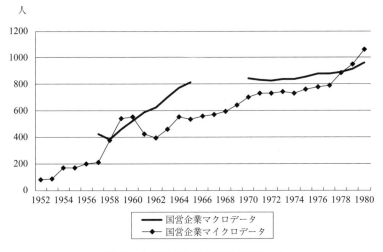

図 2-7 企業規模比較（従業員数にみる）

クロデータは，その平均でみるとマクロデータの企業規模の平均よりもやや大きいものの，極端な差がないことが分かる。図 2-6，2-7 においても同様である。また規模の経年変化についても，各指標における国営企業マイクロデータ平均の経年変化の状況と国営企業マクロデータの変化の傾向は極めて類似している。この意味で，マイクロデータの対象となっている企業は，当時の国営企業の標準的な特徴をもつものである。

続いて，当時，実際に投下された資本－労働の投入比率，即ち資本装備率についてみておこう。

図 2-8 は，推定に使用される国営企業マイクロデータの資本装備率推移とマクロデータのそれを比較したものである。図 2-8 より，推定

年までのデータが欠落しているため，入手可能な期間のデータのみを用いてグラフが作成されている。大まかなデータの特徴把握が主たる目的であるため，マイクロデータとの比較において大きな問題はないものと考える。

51

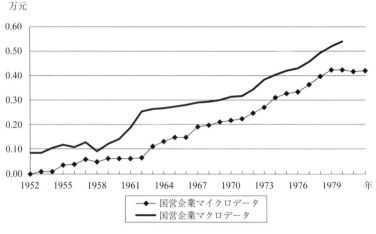

図 2-8 資本装備率 (K/L) 推移

に使用される国営企業マイクロデータにおける資本装備率 (K/L) は，中国国営企業全体の資本装備率 (K/L) の平均よりやや低いものの上昇傾向にあった。これより，本データが軽工業企業であるものの，労働よりも資本が相対的に多く投入されたことが示唆される。つまり，実際の労働，資本投下の状況は，労働力が豊富である中国の当時の要素賦存状況から見ると適合的なものではなかった[17]。

但し，このことは当時の国営企業が持っていた技術進歩の特徴が資本使用的・労働節約的なものであったことを示すものではない。そこで我々は，以下で当時の国営企業の技術進歩の特徴が如何なるものであったのかを実証的に明らかにする。

---

17) これらの図 2-5 から図 2-8 は中国全体の状況を示したマクロデータと推定に使用される国営企業マイクロデータとの間に，極端な相違はみられないことを示している。つまり，本章での分析に当該国営企業マイクロデータを使用することに妥当性はあるといえよう。

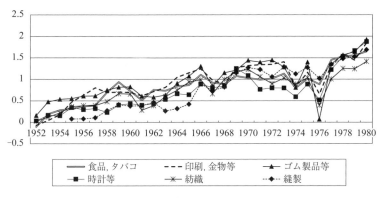

図2-9 業種別 TFP 推移の平均

4 計測及び推定結果

4.1 生産性は政治的要因で低迷したのか ── 生産性計測結果

TFP の計測のための生産関数推定には,パネル推定を用いた。

まず,TFP の計測結果を見てみよう。

図 2-9 は各業種ごとの TFP の推移を示したものである[18]。業種区分は表 2-1 を参照されたい。これより,いずれの業種においても,TFP は,1952 年から 1980 年にかけてなだらかに上昇傾向にあることが分かる。また,いくつかの時期に TFP の急激な低下が見られるが,その後数年

---

18) 前出の Chen et al. (1988) は,次のいくつかの時期について,即ち大躍進政策の失敗による調整期や文化大革命初期,及び終盤を除外して生産性の推移を分析している。我々も Chen et al. (1988) に倣い,これらの時期の生産性の動向に注意を払う。また,このような政治的イベントの発生及びその経済への影響に関して,Zhang et al. (2007),Li 及び Yang (2005) は大躍進や文化大革命のような政治的出来事の経済的効果を考察している。

で低下以前の水準に回復している。これらより，政治的要因等による一時的な低下は見られるが，全体として TFP は上昇傾向にあることが分かる。

つまり，大躍進後の混乱や文化大革命初頭の混乱，改革開放直前は，一時的に企業の生産性に影響を与えたが，それはあくまでも一時的なショックであり，それらの混乱によって生産性が長期にわたって大幅に低下するなどの恒久的なショックは生じていない[19]。

4.2 生産技術条件は経済システムに適合的だったのか
── 分析結果

推定には固定効果モデルを採用した。

表2-2 及び表2-3 は2節で示した (3') 式の推定結果を示したものである。表2-2 は，(3') 式において中間投入 (M) に関する各項を除外して推定したもの，表2-3 は (4') 式を推定したものである。表2-2，及び2-3 の左側のコラムは推定期間を通じて一括して推定したものであり，右側のコラムは時期区分ダミーを各生産要素が使用的であるか，節約的であるかを示す各独立変数に施したものである。

ここで，$β_{LT}$ の係数推定値がいずれの推定式においても計画経済期を通じてプラスに有意であることが分かる。これに対して，$β_{KT}$, $β_{MT}$ は特に時期区分をすると有意ではなく，$β_{LT}$ の推定結果の頑健性が $β_{KT}$, $β_{MT}$ の推定結果のそれに比較して高いことを示している。以上より，計画経済期における技術進歩の特徴は労働使用的なものであったといえる。そしてこれは，先にみた実際の生産要素投下状況と異なり，計画経済期であっても，企業の技術進歩の性質それ自体は，中国の要素賦存状況に適

[19) したがって，文化大革命期には，その前の調整期と比較して経済の低迷，国民生活の逼迫が指摘されている（例えば，王，2006b）が，これはマイクロレベルでの企業の生産性に帰着されるものでは必ずしもないであろう。

表 2-2 生産関数推定結果 1

: 固定効果モデル

	1		2
β_L	0.44** (3.62)	β_L	0.01 (0.06)
β_K	-0.19 (-1.82)	β_K	0.07 (0.47)
β_M	0.66** (5.50)	β_M	0.77** (5.54)
β_{TT}	-0.0003 (-1.05)	β_{TT}	-0.001 (-1.67)
β_{KL}	0.06* (2.15)	β_{KL}	0.01 (0.22)
β_{LM}	-0.09* (-2.54)	β_{LM}	-0.11** (-3.28)
β_{KM}	-0.09** (-3.96)	β_{KM}	-0.09** (-3.77)
β_{KT}	0.01 (1.82)	β_{KT} (1952-60)	-0.005 (-0.41)
		β_{KT} (1961-64)	-0.01 (-0.72)
		β_{KT} (1965-66)	0.000 (-0.06)
		β_{KT} (1967-68)	-0.01 (-0.89)
		β_{KT} (1969-75)	-0.001 (-0.23)
		β_{KT} (1976-77)	0.002 (0.37)
		β_{KT} (1978-80)	0.002 (0.41)
β_{LT}	0.01** (2.83)	β_{LT} (1952-60)	0.04** (6.61)
		β_{LT} (1961-64)	0.02** (4.49)
		β_{LT} (1965-66)	0.02** (6.19)
		β_{LT} (1967-68)	0.02** (5.63)
		β_{LT} (1969-75)	0.02** (5.10)
		β_{LT} (1976-77)	0.01** (2.71)
		β_{LT} (1978-80)	0.02** (5.15)
修正済み R^2	0.89	修正済み R^2	0.90
企業数	49	企業数	49
観測値数	969	観測値数	969

( ) 内は t 値を表し, ** は 1%水準, * は 5%水準で有意であることを示す.

表2-3 生産関数推定結果2

:固定効果モデル

	3		4
β_L	0.45**	β_L	0.04
	(3.61)		(0.27)
β_K	-0.21*	β_K	0.04
	(-1.96)		(0.26)
β_M	0.66**	β_M	0.76**
	(4.71)		(4.41)
β_{TT}	-0.2224	β_{TT}	-0.038
	(-1.59)		(-0.28)
β_{KL}	0.06*	β_{KL}	0.01
	(2.25)		(0.33)
β_{LM}	-0.09*	β_{LM}	-0.10**
	(-2.36)		(-2.63)
β_{KM}	-0.09**	β_{KM}	-0.09**
	(-3.98)		(-3.70)
β_{KT}	0.01	β_{KT} (1952-60)	-0.003
	(1.87)		(-0.24)
		β_{KT} (1961-64)	-0.003
			(-0.42)
		β_{KT} (1965-66)	-0.0004
			(-0.05)
		β_{KT} (1967-68)	-0.01
			(-0.77)
		β_{KT} (1969-75)	-0.001
			(-0.16)
		β_{KT} (1976-77)	0.0005
			(0.09)
		β_{KT} (1978-80)	0.004
			(0.97)
β_{LT}	0.01*	β_{LT} (1952-60)	0.04**
	(2.52)		(5.42)
		β_{LT} (1961-64)	0.02**
			(4.45)
		β_{LT} (1965-66)	0.02**
			(4.33)
		β_{LT} (1967-68)	0.02**
			(4.91)
		β_{LT} (1969-75)	0.02**
			(4.69)
		β_{LT} (1976-77)	0.01**
			(3.83)
		β_{LT} (1978-80)	0.01**
			(3.72)
β_{MT}	-0.02**	β_{MT} (1952-60)	-0.04*
	(-4.00)		(-2.38)
		β_{MT} (1961-64)	-0.02*
			(-2.41)
		β_{MT} (1965-66)	-0.02*
			(-2.09)
		β_{MT} (1967-68)	-0.02*
			(-2.06)
		β_{MT} (1969-75)	-0.02**
			(-2.90)
		β_{MT} (1976-77)	-0.02**
			(-3.37)
		β_{MT} (1978-80)	-0.02**
			(-3.44)
修正済み R^2	0.89	修正済み R^2	0.91
企業数	49	企業数	49
観測値数	969	観測値数	969

( )内はt値を表し,**は1%水準,*は5%水準で有意であることを示す。

合的であったことを示している。この計画経済期における技術進歩の特徴が労働使用的なものであったことは，後の改革開放期の初頭に軽工業の顕著な発展及びそれを実現した諸政策について，技術面での基礎を提供していることを示唆する。

5 まとめ

本章では国営企業マイクロデータを用いて，当時の企業がもつ技術水準，及び技術の特徴解明を行った。具体的には TFP の計測を行いその経年変化を分析した。更に技術進歩がどのように生じていたのかをトランスログ型生産関数の推定によって明らかにした。得られた結果は，以下のとおりである。

第一に，計画経済期の国営企業の生産性は，一時的な落ち込みがありながらも，全体としては上昇傾向にあった。そして，計画経済期のいくつかの時期に見られた政治的混乱は，企業の生産性に恒久的な打撃を与えたのではなく数年を経て生産性は回復していることから，あくまでも一時的な混乱に過ぎなかった。

第二に，当時の技術進歩の特徴は労働使用的で，当時の中国の要素賦存状況に符合していた。この意味で，その後の改革開放期における軽工業発展に対して技術面からの一定の基礎を築いていたことが分かる。一方で記述統計における資本－労働比率，即ち資本装備率 (K/L) にみる実際の生産要素投下量，要素配分の状況は労働使用的という技術進歩の特徴に符合していない。

以上より，計画経済期であっても，緩やかではあるが技術進歩が見られ，またその進歩の性質は中国の当時の要素賦存状況に合致するものであったといえよう。但しこのことは，もし労働力投入量をより増加させる方向で要素投入比率が修正されていたら，より経済発展が可能であっ

たことを示唆しており，技術の側面では市場経済化による経済成長のための条件が，計画経済期の間にも徐々に備えられていったと考えられる。

Appendix 〈企業マイクロデータの代表性について〉

　本書で使用するマイクロデータは江西省と河北省のものである。そこでここではその両地域における計画経済期の状況が，序章で見られたような計画経済のルースな運営を示すようなものであったのかを検討することで，地域の特殊性の有無を検討する。

　江西省についていえば，第1次5カ年計画期にそれまでに存在した私営企業の国営企業化，或いは国営企業への吸収・合併が行われる際，企業の生産性や運営状況をチェックし，監督していくことが述べられている。また，必要に応じて淘汰等の措置や，手工業を中心とする軽工業の発展のための措置を採っていくことも述べられている（李・何, 1999）。そして第1次5カ年計画期には軽工業を含めて計画達成が実現したという（王, 2006d）。

　河北省では，大躍進期をその時期の中に含む第2次5カ年計画期及び回復・調整期の1963年から1965年には，軽工業の生産が落ち込むものの，その他の時期には軽工業の発展は比較的順調で全国平均よりを上回る発展がみられた年も多いという[20]。また農業生産の発展，国民生活から生じる需要への対応の重要性も指摘され，それに伴い軽工業の発展の重要性が強調されている。但し，投資についてはやはり重工業優先であり，軽工業部門は投資のための資金の獲得が困難であったという。投資額をみると軽工業部門でのその変化率が数％という年がほとんどで，

---

[20] 第一次5カ年計画期の紡織工業については規模，業種，技術の各側面において基礎が形成されていったという（王, 2006c）。

第 2 章　工業部門の生産性と技術進歩

このような状況は軽工業の生産水準の上昇を厳しく制約することになったという。但し，需要に対応するために，各地で現存する企業の設備や入手可能な製品を調達し，操業していた，という（軽工業部政策研究室編，1981）。

以上のように，我々が使用する企業マイクロデータの所在地においても軽工業発展の重要性は認識され，そのための政策が採用されている。またその一方で資金面においては困難がみられたため，実態面では地域，或いは現場でのコスト削減をはじめとする創意工夫やある程度の裁量に委ねられたものになりがちであったことがうかがえる。

したがって序章で見られたような中国計画経済に指摘された「ルースな計画経済」の特徴を，この2地域も共有しているといえよう。つまりこれらの2地域は，我々が試みる計画経済の実証的な実態解明において，記述統計にある中国計画経済の大まかな特徴から逸脱するものではない。したがってこの2地域のデータを分析に用いることに大きな支障はないと判断する。

補表 2 記述統計（南昌市軽工業国営企業データ）

年	GY		K			L			WC		
	合計	平均	標準偏差	合計	平均	標準偏差	合計	平均	標準偏差	合計	平均	標準偏差
1952	1269.71	25.91	73.01	614.30	12.54	48.09	3829.00	78.14	196.30	178.54	3.64	11.83
1953	2153.58	43.95	112.52	678.08	13.84	50.38	4194.00	85.59	193.22	177.52	3.62	11.75
1954	4252.65	86.79	235.05	3076.94	62.79	313.21	8138.00	166.08	504.80	310.72	6.34	18.87
1955	6852.96	139.86	474.44	3414.99	69.69	350.50	8195.00	167.24	454.73	406.27	8.29	23.98
1956	10151.56	207.17	700.81	3463.74	70.69	354.07	9633.00	196.59	490.23	492.61	10.05	26.55
1957	12649.22	258.15	831.34	4091.29	83.50	377.50	10393.00	212.10	508.42	1072.22	21.88	70.89
1958	17393.88	354.98	966.40	5374.15	109.68	409.02	18266.00	372.78	637.00	1334.60	27.24	73.62
1959	26001.10	530.63	1258.06	6685.91	136.45	505.95	26536.00	541.55	1103.92	1773.42	36.19	92.56
1960	23194.77	473.36	974.96	7519.22	153.45	563.83	27016.00	551.35	1119.52	2334.63	47.65	123.64
1961	13344.71	272.34	576.46	7938.65	162.01	572.72	20826.00	425.02	813.65	2187.62	44.65	129.82
1962	14156.32	288.90	579.27	9065.10	185.00	617.11	19249.00	392.84	637.31	1858.15	37.92	85.46
1963	18362.31	374.74	785.53	10314.47	210.50	653.36	22363.00	456.39	727.76	1839.73	37.55	75.02
1964	25612.64	522.71	1243.25	11013.34	224.76	695.81	26942.00	549.84	1144.39	2548.06	52.00	120.06
1965	33460.89	682.88	1717.72	11577.41	236.27	691.14	26083.00	532.31	1090.07	3564.38	72.74	204.26
1966	38208.08	779.76	1838.27	12539.38	255.91	742.48	27239.00	555.90	1085.73	4166.29	85.03	194.10
1967	27299.99	557.14	1225.02	13404.76	273.57	789.83	28087.00	573.20	1109.66	5207.45	106.27	283.70
1968	36289.80	740.61	1747.99	13943.73	284.57	805.95	29133.00	594.55	1151.32	5604.96	114.39	284.29
1969	47828.11	976.08	2403.89	14904.16	304.17	819.52	31373.00	640.27	1159.31	6723.67	137.22	309.69
1970	50778.09	1036.29	2473.71	15665.66	319.71	815.08	34373.00	701.49	1159.33	7395.81	150.93	329.77
1971	46342.20	945.76	2277.23	17103.33	349.05	848.37	35842.00	731.47	1156.41	7781.82	158.81	299.36
1972	39764.15	811.51	1644.43	18120.03	369.80	858.22	35690.00	728.37	1146.80	8190.53	167.15	315.54
1973	46686.76	952.79	1895.82	18489.30	377.33	853.20	36250.00	739.80	1138.45	10246.02	209.10	503.85
1974	29757.01	607.29	959.48	19316.80	394.22	871.35	35647.00	727.49	1197.10	11844.57	241.73	551.99
1975	39256.32	801.15	1492.07	20419.40	416.72	890.15	37243.00	760.06	1261.72	11262.53	229.85	480.25
1976	24377.96	497.51	770.62	21596.47	440.74	919.25	38197.00	779.53	1235.28	10924.40	222.95	375.08
1977	46511.01	949.20	1712.50	23033.64	470.07	949.86	38737.00	790.55	1221.98	10249.75	209.18	336.51
1978	55033.99	1123.14	2005.30	24927.30	508.72	1049.25	43341.00	884.51	1371.28	11416.56	232.99	391.70
1979	64606.73	1318.50	2391.08	26059.52	531.83	1092.89	46620.00	951.43	1512.15	12639.92	257.96	416.64
1980	80949.11	1652.02	3008.65	28644.58	584.58	1177.07	51908.00	1059.35	1592.58	13619.82	277.96	420.11
	（万元）	（万元）		（万元）	（万元）		（人）	（人）		（万元）	（万元）	

第3章 国営企業の行動様式
――現場レベルでの「意思決定」

1 国営企業は「企業」か「工場」か――本章の目的

　本章は，計画経済期中国の国営企業の行動がどのようなものであったかを実証分析を通じて考察する。具体的には先行諸研究の議論を踏まえつつ企業の目的関数の推定を行う。改革開放中期以降の中国企業，特に中国国有（営）企業の行動様式に関する先行研究には，中国の株式上場企業の動機づけを企業の収益性と経営者のインセンティブに注目しながら分析した Chang and Wong (2009)，国有企業の投資行動を目的関数を設定して実証的に分析した Bo et. al (2009) 等がある[1]。これらは総じて，マクロ経済における制度の状況[2]及びその変化に対してどのような性質

---

1) また，現在の企業に対するコーポレートガバナンスの視点から，企業を取り巻く利害関係者らそれぞれ自身の利益追求と企業行動に注目する研究も多く見られる（Allen, 2005 等）。これらの研究の本章における分析に対する示唆は大きい。
2) 途上国市場や新興市場では，例えば中小企業等の金融へのアクセスが困難であることから，企業の資金へのアクセス行動は，金融市場の発展，資金配分問題と関連して重要なテーマである。このような研究は，中国等の新興市場だけでなく，途上国市場についてのものも多数みられる（Prime and Qi, 2013 ; Aga, 2011 等）。また，先進国についての企業設立時の企業の資金調達問題について分析したものに Abbasian, et. al (2014) 等がある。これらはいずれも，中国企業の行動分析に対する示唆に富んだ先行研究といえる。

を持つ企業が順応しているか，或いはマクロ経済におけるある局面[3]において企業行動はどのように変化するかに注目しているものや，企業を取り巻く利害関係者[4]の意図や行動が企業行動にどのような影響を与えるか，等をみたものといえよう[5]。

　また，企業がどのような目的を最大化しているのかに注目し，企業の目的関数を考える先行研究もある。本研究の分析対象と比較的近い時期である改革開放初期における中国企業の行動を分析したものの多くは，目的関数を設定して実証分析を行っている。それらの先行研究は，当時の中国企業が過少雇用の状況にあったのか否かに注目している。Dong and Putterman (1996) や Pitt and Putterman (1999) は純粋に利潤を最大化したレベルの賃金水準と現行の賃金水準とのギャップに注目し，そのギャップが統計的に有意に生じていること，そしてそれは企業が過少雇用状態にあったことを示すことを見出している。Svejnar (1990)，及び Dong (1998) は利潤以外に企業の賃金率と雇用量を付加し，より理論的なフレームワークをもつ目的関数を分析している。そしてその目的関数の理論モデルから導出された実証モデルを設定して分析を行っており，その結果，彼らもまた，中国企業の行動は利潤最大化企業のそれとは異なることを解明している。更に，中国企業が（元）公営企業であったという経緯により，従業員に対する福利厚生等の公営企業としての責任を

---

[3]　現在の中国経済及び企業研究に示唆を与えるものとして，イタリア企業についての研究であるが，2008年の世界金融危機の打撃からの企業の回復を分析したものに Ferragina (2012) がある。

[4]　株式化された国有企業であれば株主の利害と企業の利害に，そうでない国有企業やこれから所有権改革が実施される国有企業の場合は企業を管轄する政府の利害と企業の利害に焦点が当てられることが多いが，いずれもその時々の企業を取り巻く利害関係者である。

[5]　国有企業の売却に際しての政府，投資家に注目し，所有権改革推進のポイントの一つとなる政府の企業売却による効用について理論的説明を試みたものに Wang (2007) もある。

果たした結果，過少雇用状況になっている可能性を指摘する[6]。

しかし，これらの企業行動に注目した先行諸研究は，改革開放初期を分析対象としたものが多く，計画経済期中国にまで遡ってはいない。ここで，利潤最大化企業の行動と中国企業の行動のギャップは，主として計画経済期の国営企業の行動様式を継承することで生じたものとも考えられる。そこで，計画経済期中国の企業の目的関数を当時の企業マイクロデータを用いて実証的に分析する。

ここで，計画経済期当時の国営企業について意思決定の有無を問うことは奇異に感じられるかもしれない。確かに，多くの先行研究によって当時の企業自身には経営に対する意思決定権は存在しなかったことが指摘されており（例えば山本，1994等），また個別意思決定の容認と計画経済運営の親和性も低いと考えられる。象徴的なエピソードを挙げると，著名な経済学者である小宮隆太郎は1980年代初頭に中国を訪問した際，「中国に企業はない」という主旨のコメントを残している。即ち，中国の「企業」は自ら意思決定をしておらず，管轄政府からの指示に従って生産を行う「工場」である，ということである。但し一方で，経済発展の遅れや資源不足等により計画経済の運営が難しく，結果として現場レベルでの対応が必要となっていたこともまた，多くの先行研究で指摘されている[7]。

また，当時の国営企業の財務管理について，「総会計師」の設置及び

---

[6] 改革開放期に関しては，Dong and Putterman (2002) はその初期における中国国営企業の過少雇用及びそれを生じさせる背景として国営企業の買い手独占の立場を指摘している。また，Fleisher and Wang (2001) は，改革開放後の中国企業における効率性賃金問題を扱っている。以上のように，中国企業の行動，特に雇用，賃金の問題に注目した企業行動が，経済学的枠組の中でどのように説明が出来るか，先行研究でも様々な試みがなされてきた。

[7] 企業の活性化のために市場経済（資本主義国家）で取り入れられているような制度も取り入れて行かねばならない，という見解を鄧小平や劉少奇が1960年代初頭に示していたという指摘も見られる（呉・張，1999）。

それによる健全な財務管理に関する規定も見られる。この中で，コスト，利潤の正確な算出とそれに基づくコストの削減，利潤の確保への努力，及び生産の効率性上昇が目指されることが記載されている（中国社会科学院　中央档案館編，2011a）。これは，個別企業の努力を促進しようとするものであり，その意味では個別企業の行動・意思決定が生産に関わる一定の範囲で認められることが前提となっている。また，国営企業に一定の利潤留保を認め，生産や従業員の福利厚生に限定的ではあるものの企業の裁量を付与する規定も見られる。1958年に出された「国務院関於実行企業利潤留成制度的幾項規定（国務院による利潤の企業内部留保制度についてのいくつかの規定）」には，企業の利潤留保の利潤に占める割合の確定，管轄政府による個別企業に留保された利潤に対する管理及び企業の留保利潤の利用の仕方についての記載がある（中国社会科学院　中央档案館編，2011b）[8]。これも，企業及びその管轄政府による一定の裁量を認めるものと考えられる。

　以上より計画経済期中国では，個別企業及びその管轄政府の裁量の発揮，意思決定は，それが最初から意図されたものではなかったとしても，様々な事情により，結果として生産や労務管理をはじめとするいくつかの場面で行われていた可能性があることが示唆される。本章は，このような先行研究の議論を踏まえつつ，更に国営企業のみを対象するのではなく，国営企業を管轄する地方政府もまた管轄企業の意思決定に関わるものとして捉え，それを疑似的に企業が意思決定をしているかのようなモデルセッティングで表現する[9]。

---

[8]　この他，流動資金不足の際に企業間信用の利用も見られたという。計画経済期中国では，企業間信用は基本的に禁止されていくものの，それはすべての産業，業種，製品についてではなく，「実際の状況に応じて」必要性が認められる場合には売掛，買掛による取引が，更に特に農業製品については，国営企業の人民公社や生産隊に対する前払いも認められたという（趙，2008）。

[9]　藤本（1971）は，企業内部での利潤留保システムの文脈の中で企業の権限について議論している。そこでは，ソビエト企業との比較の中で，中国企業に付与され

第 3 章　国営企業の行動様式

　ではそのモデルセッティングと実証分析において，我々はどのような点に注目しなければならないであろうか。これについても，計画経済期中国を取り上げて数量分析をおこなった先行研究からうかがい知ることができる。本章に関連する計画経済期中国に関する数量分析では，これまでに生産要素，及び資源調達に関する実証分析が行われてきた。それらの先行研究が注目するトピックの一つは，主として計画経済システムにおける農業－工業間の資源配分である。特に，工業ないしは都市部門の後方支援部門となっていた農業，農村部門との関係から工業部門，具体的には国営企業の行動が規定される，という議論が展開されてきた。また，その他の注目点としては，工業部門における国営企業を中心とした経済システムの機能の仕方ともいえるものである。例えば，Dong and Putterman (2000) は，国営企業の雇用に関する行動を分析しており，Imai (2000) は計画経済期における労働者の賃金に関する実証分析を行っている。本章はこれらの先行研究における実証分析を踏まえ，特に上述の農業部門と工業部門の関係や労働者の賃金についての知見を踏まえて，企業の雇用・労働に注目しながらモデルセッティングと実証分析をおこなう。これは，改革開放初期の企業の目的関数を設定して分析をおこなった先行諸研究が持つ視点とそれらの諸研究の蓄積が示す研究の流れとも整合的である。本章が試みるのは，改革開放初期の企業目的関数を分析した先行諸研究の分析対象時間を遡って，計画経済期中国の企業目的関数を当時の状況も踏まえながらおこなう実証分析である。

　そして我々が使用するマイクロデータについてその分析における有用

た権限は決して大きなものではなく，むしろ行政的，官僚主義的な管理が政府によって強化される危険性が指摘されている。したがって，当時の中国企業については市場経済に類似した行動様式の存在は考えにくい。しかし一方で，資源不足等の要因で現場での裁量を余儀なくされるという議論もある。本章の分析は，いわゆる市場経済下の利潤最大化企業の行動とは異なる行動様式の有無を中国企業について検討することによって，当時の企業行動の様相を可能な限り明らかにしようとするものである。

性を述べておくと，計画経済期中国に関する数量分析をおこなったこれらの先行研究では，マクロデータを用いた分析が行われているため，個別企業の行動をマイクロレベルで捉えられているとは言い難い。個別企業の行動をより精確に捉えようとするならば，やはりマイクロデータを用いた分析が必要である。これに対して本章ではマイクロデータを用い，より詳細な実証研究を試みる。そこで本章の先行研究への貢献として，計画経済期に遡って先行研究の妥当性を検証する点，そしてマイクロデータを用いる点を挙げることが出来よう。

尚本章の分析の中でも，適切な歴史データの使用が可能になっているか否かに十分に注意を払う。なぜならここで使用されるデータセットを含む当時のデータには，その実証研究への利用に際しては，様々な困難を伴う場合が考えられるためである。そこで，計画経済期中国の企業が持つ目的関数の実証分析を行う前に，まずいくつかの手法によりここで使用するデータを用いて実証分析をおこなうことの妥当性をチェックする。

本章の以下の構成は，次節で実証分析の枠組を述べ，3節で使用するデータの説明，及び計量分析への初歩的ステップとして行われた TFP の計測，及び実証モデル推定のための予備的計測について解説を行う。4節では，推定結果を示しつつその説明を行い，5節で結論を述べる。

2 目的関数アプローチ ── 分析枠組と推定方法

まず，使用するデータが以下の分析に対して適切なものであるかどうかをチェックするために TFP の計測を行う。そのために，以下のようなコブ・ダグラス型生産関数を設定する。またこれにより，第2章でみた TFP の経年変化の分析結果の別のデータを用いた頑健性チェックも可能となる。

$$LGY_{it} = \alpha_i + \beta_{LK} LK_{it} + \beta_{LL} LL_{it} + \beta_{LWK} LWK_{it} + \varepsilon_{it} \qquad (1)$$

ここで，LGY は工業粗生産額の対数値を，LK は固定資産取得原価（原値）の対数値，LL は従業員数の対数値，LWK は流動資金[10]の対数値をそれぞれ表す[11]。α_i は企業の個別効果項を，β_{LK}, β_{LL}, β_{LWK} はそれぞれ推定すべきパラメータを表し，ε は誤差項を表す。また添え字の i, t はそれぞれ企業インデックスナンバー，年インデックスナンバーを表す[12]。

---

10) ここでの生産関数推定を用いた生産性の計測においても，第 2 章で行った生産性計測時に用いたデータと同じく，中間投入量の代替指標として流動資金を用いている。それは，ここで用いるデータセット，即ち河北軽工業国営企業マイクロデータにおいても中間投入量データ，或いは付加価値額データが欠如しているためである。このデータ採用には一定の考慮が必要であるものの，第 2 章で述べたように，中間投入量を直接的に表すデータが無いケースにおいて，生産性の計測を行った先行諸研究では，一般に総生産額と付加価値額の差額が用いられる。しかし，ここで用いるデータセットには付加価値額データが存在しないため，流動資金が中間投入量の代替指標として用いられている。ここで中間投入量データと流動資金データの性質の違いに配慮する必要がある。即ち先にも述べたように，中間投入量データとは異なり，流動資金データは金額ベースであるため，流動資金の回転如何によっては実際に投下された中間投入量を過小評価してしまう可能性がある。そして第 2 章でも述べたように，ここには稼働率の概念が密接にかかわる。そこで，稼働率変数を明示的に生産関数の中に導入することを試みる。具体的には，第一段階目に稼働率変数を入れずに生産関数の推定を行い，そこでの予測値を使って次のような稼働率変数を作成する。具体的には $G\hat{Y}/WK$ である。ここで $G\hat{Y}$ は第一段階目の推定結果を用いた予測値である。総生産額は売上額と極めて近似しているため，この変数は流動資金の回転の概念をそのまま反映したものである。

11) 本章で用いる生産関数モデルには，第 2 章でのそれとは異なり各変数に業種ダミーが付されていない。即ち業種区分をせずに生産関数推定及び生産性計測を行うことになる。但し，実際の生産性計測時には業種区分を行ったパターンも採用されているが，TFP の経年変化について業種ごとに顕著な相違はみられなかった。そこで，ここでは議論をシンプルにするために，業種区分をせずに生産関数推定，生産性計測を行ったケースのみを提示する。後述する生産性計測結果についてもそれは同様である。

12) 生産関数推定に使用されるマイクロデータは，工業粗生産額，固定資産取得原価，

次に，以下のような目的関数を考える。

$$U = U(\pi, w, L) \quad (2)$$
$$\text{s.t.} \quad GY = f(K, L, WK)$$
$$Max U(\pi, w, L)$$

π は利潤を，w は賃金率を，L は従業員数を表す。つまり，我々はこれらの利潤（π），賃金率（w），従業員数（L）によって構成される関数の最大化問題を，生産関数（GY）を制約条件として考える。目的関数 U は資本（K），従業員数（L），流動資金（WK）及び賃金率（w）の選択によって最大化されるものと想定される。ここで，利潤（π）以外の変数は，利潤最大化の状況からの乖離として表現される[13]。

$$L^* = \pi^L(K, w, \ldots)$$
$$L = g^L(K, w, \ldots)$$
$$L^* - L_{it} = f(K, w, \ldots) \quad (3)$$

流動資金，年末職工人数である。そして第2章と同様に，生産関数推定に用いられる各指標には実質化が施されている。工業粗生産額はある年度の物価水準で計測された「不変価格」の国営企業工業粗生産額を用いて，1950年を基準とするデフレータを作成し，それによって実質化を行った。中間投入には，流動資金が用いられており，1950年を1とする農業副産品買付価格指数で実質化を行った。固定資産（K）には固定資産取得原価を用い，当該企業のデータ開始年を基準値として毎年の粗投資額の1950年を1とするデフレータによって実質化された実質値を足し上げていく，積み上げ方式によって実質化されている。このときのデフレータには1950年を1とする工場出荷価格指数が用いられている。

13) この研究は計画経済期中国の企業を取り扱っているため，先行研究，或いは当時の企業についての情報は，改革開放期のそれらと比較して非常に限られている。そこで，以下での分析とそこで得られた結果については慎重に考察しなければならない。したがって，本章では理論的フレームワーク，そして実証モデルを設定する際には，密接に関連する先行研究に従って行い，それらに対する実証分析から得られた結果をそれらの先行研究と比較可能にする必要がある。そこでまず，先行研究に倣って理論的フレームワークを設定し，実証モデルにおいて計画経済期の事情を踏まえて各変数に意味付けを与えて行く。

L^* は利潤最大化した際の最適な雇用量を意味する。L は現行雇用量である。K は固定資産[14]，P は価格指数，w は企業の賃金率[15]を表す。

ここで，利潤最大化レベルの最適雇用量（L^*）と現行雇用量（L）のギャップが正の値を採るのか，或いは負の値なのか，そしてどのような要因がこのようなギャップを生みだすのかを考察する。そしてそのために設定されるギャップの関数は，固定資産取得原価（原値）（K）や賃金率（w）等を独立変数として構成される。

利潤 π は (4) 式のように定義される。

$$\pi = pf(K, L, WK) - r_K K - w_L L - r_{WK} WK \tag{4}$$

本章での実証モデルは上述したフレームワーク，即ち (3) 式に集約される理論モデルを反映し，π が (4) 式のように構成されていることを考慮して以下のように表現される。

$$\ln(L^* - L) = \alpha_i + \alpha_t + \beta_{GY}\ln GY_{it} + \beta_{KL}\ln(K/L)_{it}$$
$$+ \beta_{DEP}\ln(DEP/K)_{it} + \beta_{WC}\ln(WK/GY)_{it} + \beta_P\ln(P/GK)_{it}$$
$$+ \beta_W\ln w_{it} + \varepsilon_{it} \tag{5}$$

$\ln(DEP/K)$ はそれぞれ減価償却費（DEP）を固定資産（K）で除したものの対数値，$\ln(WK/GY)$ は流動資金（WK）を工業粗生産額（GY）で除したものの対数値を表し，いずれも企業の資金に関する変数である。そしてこれらは，企業の生産要素調達に関する行動において，資金調達と雇用との関係を見るためのものである。具体的に言えば，企業は資金を増加させたとき，雇用もそれに応じて増加させるのか，それとも雇用に関しては抑制的になるのか，利潤最大化企業の雇用との乖離の発生及びその変動が資金面との関連でどのような要因によって生じるのかを，当該変

---

14) 上述した固定資産取得原価と同じく，これ以下も固定資産は具体的には固定資産取得原価を表す。
15) 従業員一人当たりの賃金を示す。

数の推定によって解明しようというものである。$\ln(P/GK)$ は価格指数 (P) を総資産 (GK) で除したものの対数値で, 価格変動に関する要素を表している。価格指数 (P) は計画経済期のものであるため, それ自体は市場経済における価格指数とは異なる意味合いを持つと考えられる。但し, その上昇・下落に対して企業が反応すれば, 企業の生産要素調達においてマクロ経済の動向が一定程度企業行動に影響を与えていたことが明らかになる。換言すれば, 中国の計画経済システムにおいて, 資源配分は政府の画一的で厳格なコントロールのもとに行われていたのか, それとも計画経済といえども資源の時々の相対的希少性をある程度反映しながら, 企業やそれを管轄する地方政府の意思決定を含みながら行われていたのかを明らかにできる。この意味で当該変数は, 序章でみた先行研究の中国計画経済を巡る議論における, 分権化への志向, 「ルースな計画経済」という指摘についてその当否を判断する指標となりえよう。そしてここでは特に価格指数 (P) を総資産 (GK) で除したものの対数値を変数として用いているため, 価格指数 (P) の異なる規模[16]の企業に対する影響に注目していることになる。即ち, 総資産 (GK) で測られる企業規模における大規模企業と小規模企業では価格の変動の影響は異なるのではないかという想定である。そして $\ln w$ は賃金率対数値である。$\ln GY$ は企業規模に対するコントロール変数であり, $\ln(K/L)$ と $\ln w$ が実証モデルに含まれるのは理論モデルの含意を反映したものである。α_0 は定数項で α_i と α_t はそれぞれ企業固有, 年固有の要素を示す。ε は誤差項を表す。この実証モデルの推定において, 我々は 3 つの変数, 即ち $\ln(DEP/K)$, $\ln(WK/GY)$, $\ln(P/GY)$ に注目する。

　ここで, 各変数の想定される係数推定値の符合に関して述べておこう。

　固定資産 (K) の労働 (L) に対する比率, 即ち資本装備率対数値 $\ln(K/L)$ は, 従属変数 $\ln(L^*-L)$ に対してプラスの影響もマイナスの影響も持ちうる。つまり, 資本装備率対数値 $\ln(K/L)$ が上昇すれば, 即ち実質的な

---

16)　ここでは企業の総資産で計測された規模を表す。

固定資産 (K) が増加すると，それに準じて雇用も増加させる，逆に資本装備率対数値 $\ln(K/L)$ が上昇すれば雇用を控える，という2つのパターンの影響が考えられる。この実証モデルにおいて，従属変数は利潤最大化企業の雇用レベル (L^*) と国営企業の現行雇用量 (L) のギャップの対数値 $\ln(L^*-L)$ であるから，前者の影響，即ち固定資産 (K) が増加すればそれに応じて雇用も増加させるという固定資産 (K) と労働 (L) の補完的な関係の影響が，後者の固定資産 (K) の増加に応じて雇用を控えるという固定資産 (K) と労働 (L) の代替的な関係の影響を上回るならば，この実証モデルにおける資本装備率対数値 $\ln(K/L)$ の係数推定値の予想される推定結果はマイナスとなる。逆に，固定資産 (K) と労働 (L) の代替的な関係の影響が固定資産 (K) と労働 (L) の補完的な関係の影響よりも大きければこの実証モデルにおける資本装備率対数値 $\ln(K/L)$ の係数推定値の予想される推定結果はプラスとなる。

　価格指数 $\ln(P/GK)$ の係数推定値が従属変数 $\ln(L^*-L)$ に対して統計的に有意であるならば，企業行動が（疑似）市場経済的な特徴を持つ，換言すれば分権的な意思決定に基づいておこなわれていたとみることが出来る[17]。なぜなら，計画経済期においても資源の相対的希少性をある程度反映している可能性がある価格指数の上昇に対応して，企業がその資源調達に関して何らかの意思決定を行うことを，この変数の統計的有意性は示すからである。そしてこの場合，係数推定値の予想される符合は

---

[17] 価格変動の影響は，企業行動が市場経済的な特徴をもつならば，利潤を通じて雇用に対して影響を与えるであろう。そして効用関数の雇用に対する弾力性が低ければ（より詳細に言えば雇用に対する利潤の弾力性が小さければ），価格指数の変動への企業の反応はより強いものになると考えられる。尚，本章における実証モデルでは利潤 (π) は明示的に表れないが，推定に際しては利潤 (π)，価格指数 (P)，及び本章実証モデルの変数として採用されている価格指数 (P/GK) を用いた推定式を推定した。この場合，従属変数 $\ln(L^*-L)$ に対して最も影響が強かったのが価格指数 (P/GK) であった。そこで本章では，当該変数を実証モデルの変数として採用する。

プラスとなり，逆は逆である。しかし，ここで推定される企業は計画経済期の国営企業であるため，統計的に有意な推定結果は得られないことも予想される。

減価償却費の固定資産比率対数値 $\ln(DEP/K)$，及び流動資金の総生産額比率対数値 $\ln(WK/GY)$ は，いずれも企業の資金充足度を示す。特に前者は固定資産投資に対する需要に関する資金充足度を，後者は流動資金に関する資金充足度を表す。そして減価償却費の固定資産比率対数値 $\ln(DEP/K)$ は，企業が固定資産投資のための減価償却積立をより多く行ったときには雇用を控える，即ち固定資産投資のための資金調達と雇用が代替的ならば，この係数推定値の予想される符号はプラスであり，逆は逆である。流動資金の総生産額比率対数値 $\ln(WK/GY)$ は，流動資金の増加によって雇用を控える場合，即ち流動資金調達に関して雇用と代替的ならば，当該係数値の予想される符号はプラスである。逆に，流動資金を増加させた場合に，それに伴い雇用も増加させる，即ち流動資金調達と雇用が補完的ならば，当該係数値の予想される符号はマイナスである。

賃金率対数値 $\ln w$ は通常の市場経済的な意味で企業行動を考える際には，雇用に対してその増加はマイナスの影響を与えると考えられるため，$\ln(L^*-L)$ を従属変数とする実証モデルにおける賃金率対数値 $\ln w$ の係数推定値の予想される符号はプラスである。但し，計画経済体制下にある国営企業においては，雇用確保と同様，従業員への賃金の手厚い提供を同時並行で企業が進めようとすることもありうるであろう。その場合の実証モデルにおける賃金率対数値 $\ln w$ の係数推定値の予想される符号はマイナスである。但し，賃金が完全に政府からの割り当てで決定されるものだとしたら，企業の雇用行動に影響は与えない可能性もあろう。

ちなみに従属変数 $\ln(L^*-L)$ は，その値がプラスならば現行雇用量が利潤最大化企業の雇用レベル下回っており，過少雇用を示す。逆にその値がマイナスであれば，現行雇用量が利潤最大化企業の雇用レベル上回っており，過剰雇用を示す。

上述したように，我々は中国河北省軽工業国営企業マイクロデータを用いて推定を行う。観察期間は 1950 年から 1980 年である[18]。もし，マクロ集計データを用いれば，我々は理論モデル及び実証モデル中の各変数によって表現されている諸要素の採用が，企業自身によって決定・判断が行われているのか，それとも企業の外部から与えられるものなのか，明らかにすることが出来ない。しかし，企業マイクロデータを使用することによってそれを明らかにすることが出来る。この意味で，目的関数をマイクロデータを用いて分析することには意義があるといえよう。

3 雇用と生産性

以下ではまず，上述した TFP の成長率（変化率）をコブ・ダグラス型生産関数の推定結果を用いて計測する[19]。図 3-1 は，TFP の計測結果を示している[20]。この図では，分析対象期間を通じた TFP の変化の推移を示す。

ここで，TFP 変化率をみると，いくつかの年を除いてプラスであることより，その変化の傾向は明らかに上昇傾向にあることが分かる[21]。但し，大躍進期，文化大革命後期には TFP 変化率がマイナスになっている年があることから，TFP の上昇傾向に一時的な落ち込みは見られる。

---

[18] その記述統計は補表 3 に示されている。
[19] 推定結果は経済学的に妥当なものであり，データ使用の妥当性も確認できたといえる。
[20] ここでは，業種区分のない生産関数の推定結果を用いた TFP 推移のみを示しており，業種別の TFP 推移は示していない。TFP 推移について業種ごとに異なる傾向が際立って見られなかったため，表が煩雑になることを避ける意味でも省略した。
[21] TFP の経年推移は第 2 章と同様の手続きで計測されている。

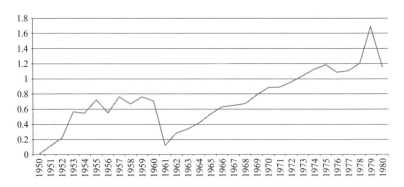

図 3-1 *TFP* 経年推移

また大躍進期,文化大革命期初期等のいくつかの時期に,*TFP* 上昇率[22]は相対的に低い。但し,その変化率の落ち込みからの回復は極めて速く,政治的混乱による経済へのダメージは,そんなに長く継続しておらず限定的であることが分かる[23]。

したがって,計画経済期中に起こったいくつかの政治的混乱,政策の変化によって経済が受けたダメージの影響があるにもかかわらず,当時の中国企業の *TFP* の変化の方向は,総じて維持・上昇傾向にあったといえよう。

本章では第2章のように業種別の *TFP* 経年推移を示していないが,ここではそれにかわって特定の設立年代によって *TFP* のレベル或いはその推移に特徴が見られるのかをみてみよう。そこで設立年代別の *TFP* の経年推移をみることにする。その推移は図 3-2 に示されている。

図 3-2 からは,1950 年代設立の企業よりも 1960 年代設立の企業が,そして 1960 年代設立の企業よりも 1970 年代の企業のほうが,それらの設立当初には *TFP* のレベルが低いことが分かる。但し,それらは設

---

22) 変化率がプラスであるので,上昇率と表現する。
23) 第2章でみた *TFP* 経年変化の傾向と整合的な結果が得られている。

第3章 国営企業の行動様式

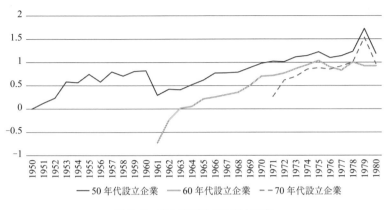

図 3-2 設立時期別 TFP 経年推移

表 3-1 L^*-L ギャップ計測結果

データ数	従業員数平均	標準偏差	L^*-L ギャップ＞0（過少雇用）のデータ数
5694	3192.6	8255.9	5018

立後数年で TFP 水準を上げ，前に設立された企業のレベルにまで近づいていることが分かる。つまり，後から設立された企業については，設立当初は既存の企業の TFP のレベルよりも相対的にその水準が低いものの，設立後年数を経て次第に既存の企業に TFP の水準が追いついている。これより，設立年代によって生産性の水準が異なるという傾向は見られず，後から設立された当時における比較的新しい企業も，年数を経ると存続年数が長い企業の技術レベルと大差ないそれを持ちえているといえよう。換言すれば 1970 年代末までには企業間で技術レベルは平準化された状態に至っている。これは，後の経済改革の推進を考えるとき，技術面における好条件として捉えられよう。

次に，本章が注目する利潤最大化企業の雇用水準と中国の当時の雇

水準のギャップ,即ち "L^*-L ギャップ" に関する記述統計をみてみよう。

表3-1は,利潤最大化レベルの企業の雇用量と現行の雇用量とのギャップの計測結果,及びそれに関する記述統計を示したものである。表3-1において,「L^*-L ギャップ > 0 のデータ数」をみると5018あり,我々のサンプルデータの中で88％が過少雇用の状態を示すことが分かる[24]。つまり,我々のマイクロデータセットにおいても企業の顕著な過少雇用状態が確認できる[25]。

4 「最適化行動」採用の有無 —— 推定結果

2節で議論された (5) 式の推定結果は,表3-2から表3-4に示されている。

推定に際し,2種類の時期に関するダミー変数を設定する。一つは,分析対象期間をいくつかに時期区分された中での特定の時期を1とし,その他の時期を0とするダミー変数であり,これを以下では時期ダミーと呼ぶことにする。いま一つのダミー変数は,企業の設立時期によって分けられるもので,例えば,いくつかに区分された時期の中で当該時期に設立された企業を1,その他の企業を0とするものである。ここでは企業の設立時期を1950年代,1960年代,1970年代の3つに区分している。これを以下では企業設立時期ダミーと呼ぶ[26]。

---

24) このケースでは,もしギャップが0より大きければ,過少雇用状態であることを表す。
25) 計画経済期である我々の分析対象期間においても,先行諸研究と整合的な結果が得られることが分かった。
26) 計画経済期を幾つかの時期に区分をする方法の一つとして,例えば文化大革命の初期や終盤期,大躍進期及びその後の調整期等,発生時期及びそれ以降といった,経済的成果への影響が大きな政治的出来事の発生を契機として時期を区分する方

この2種類のダミーを設定するのは，企業行動の特徴が計画経済期中の時期ごとに異なる可能性，及び企業が設立された時期ごとに異なる可能性を想定しているためである。つまりここで，マクロ経済において発生した出来事の個別企業への影響は，すべての企業に対して一様であるのか，それとも特定の時期に設立された企業への影響がより大きいのか，或いは，特定の時期に設立された企業は他の時期に設立された企業とは異なる企業行動の特徴を持つのかどうかに注意を払っている[27]。もし，マクロ経済における出来事が，すべての企業に対して一様に影響するのならば，実証モデルの各変数に乗じられる特定の時期ダミーは統計的に有意となるであろう。また，設立時期の異なる企業間でマクロ経済における出来事の影響が異なるならば，実証モデルの各変数に乗じられるある特定の企業設立時期ダミーは統計的に有意となるが，別の時期の企業設立ダミーに統計的有意性はみられないであろう。これらの2種類のダミーにより個別企業の行動様式にとって時期区分された各時期の特徴，即ち各企業に共通に影響するであろう社会的・経済的要因と，企業がいつ設立されたかという設立のタイミングによって受ける影響のいずれが

　　法もあるが，本章ではそれは採用しない。ここでは，観察期間である30年を3つの期間に区分する。そして例えば1950年代設立ダミーは1950年代に設立された企業群を意味する。

[27]　時期ごとのマクロ経済動向や政策の個別企業への影響に一定の注意を払うのは，計画経済期を通じてみても，年代によって資源配分状況に大きな差が生じている可能性があるためである。例えば，金融システムについていえば，文化大革命期初期には金融業の発展は大きく阻害されたが，その後の1970年代にはその発展の重要性が政策当局によって再認識されている。そして1960年代には混乱していた銀行・金融システムに対する管理体制を改め，1970年には，貸付権限の地方への移譲等，資金配分・使用に関する地方の権限が拡大している。1960年代における混乱によって顕在化した問題は，主として国営企業の流動資金利用の非効率性にあったが，その解決も中央政府によって課題として挙げられている。また1972年には，国営企業の流動資金の需要に対して財政だけでは対応できないことが多々あるため，「第2の財政」として銀行の役割は重要であるとの認識が再確認されている（鄒・欧陽等，2009）。このように計画経済期の政策方針，マクロ経済の動向は一様ではない。

より重要な要素となるのかを知ることが出来る。

更に，lnMPL[28]を従属変数とする推定式も設定して推定を行う。

推定方法には，System GMM を採用する。

表3-2は推定結果を示している。具体的にはln(L^*-L)[29]を従属変数として用いた推定式の推定結果と，lnMPL[30]を従属変数として用いた推定式の推定結果を示す。ここで，ある特定の時期の個別企業に対する影響を上述の時期ダミー変数を用いることで知ることが出来る。

表3-2をみると，観察期間を通じていずれの時期においても，(5) 式におけるln$W$, ln(DEP/GK) 以外のすべての独立変数が従属変数ln(L^*-L) 及びlnMPL に対して統計的に有意な影響を持つことを示している。具体的に言えば，ln(K/L), ln(P/GK), lnGYの各変数の係数推定値の符合はいずれも正であり，一方でln(WK/GY) の係数推定値の符合は負である。ここで各変数の係数の推定結果の内，ln(K/L), ln(P/GK), 及びln(WK/GY) の各変数の係数推定値に注目する。

ln(K/L) の係数推定値が正に有意であることは，固定資産 (K) と労働 (L) の代替的な関係の影響が固定資産 (K) と労働 (L) の補完的な関係の影響よりも大きいことを示している。つまり，ある企業が政府からの指令やその他の何らかの理由により資本を増加させたとすると，当該企業では雇用量を増加させることはあきらめる[31]，ということがうかがえる。

またln(P/GK) の係数推定値が正に有意であるという推定結果は，価

---

28) MPL（労働の限界生産性）は先にみたTFPの計測時に用いられた生産関数の推定により得られた係数推定値をもとに計測されている。

29) 表3-2から表3-4従属変数欄には，ln(L^*-L) と示されている。

30) lnMPL を従属変数とする推定式の推定結果における各変数の予測される係数推定値の符合，統計的有意性は，ln(L^*-L) を従属変数とする推定式の推定結果におけるそれらと同様であると考えられる。

31) 固定資産の増加が政府からの指令に基づいておこなわれたとしても，労働力の増加はそれに伴っておこなわれないということをこの推定結果は示している可能性もある。

第 3 章　国営企業の行動様式

表 3-2　推定結果 1

従属変数＝ln(L^*-L)		従属変数＝lnMPL	
1		2	
独立変数		独立変数	
ln(K/L)×1950 年代ダミー	1.52***	ln(K/L)×1950 年代ダミー	0.83***
	(4.50)		(3.50)
ln(K/L)×1960 年代ダミー	1.29***	ln(K/L)×1960 年代ダミー	0.87***
	(9.16)		(11.31)
ln(K/L)×1970 年代ダミー	1.11***	ln(K/L)×1970 年代ダミー	0.91***
	(14.06)		(17.19)
ln(K/L)×1980 年代ダミー	1.09***	ln(K/L)×1980 年代ダミー	0.88***
	(13.27)		(15.00)
ln(P/GK)×1950 年代ダミー	2.25***	ln(P/GK)×1950 年代ダミー	1.44***
	(5.90)		(5.22)
ln(P/GK)×1960 年代ダミー	2.16***	ln(P/GK)×1960 年代ダミー	1.45***
	(9.14)		(16.23)
ln(P/GK)×1970 年代ダミー	1.80***	ln(P/GK)×1970 年代ダミー	1.36***
	(15.48)		(13.90)
ln(P/GK)×1980 年代ダミー	1.87***	ln(P/GK)×1980 年代ダミー	1.43***
	(14.81)		(19.92)
lnGY×1950 年代ダミー	2.12***	lnGY×1950 年代ダミー	1.45***
	(6.81)		(6.51)
lnGY×1960 年代ダミー	2.16***	lnGY×1960 年代ダミー	1.50***
	(10.21)		(17.61)
lnGY×1970 年代ダミー	1.81***	lnGY×1970 年代ダミー	1.39***
	(17.64)		(15.22)
lnGY×1980 年代ダミー	1.88***	lnGY×1980 年代ダミー	1.47***
	(17.77)		(24.77)
ln(WK/GY)×1950 年代ダミー	-1.16***	ln(WK/GY)×1950 年代ダミー	-0.45**
	(-3.57)		(-2.11)
ln(WK/GY)×1960 年代ダミー	-0.84***	ln(WK/GY)×1960 年代ダミー	-0.50***
	(-5.35)		(-6.42)
ln(WK/GY)×1970 年代ダミー	-0.62***	ln(WK/GY)×1970 年代ダミー	-0.46***
	(-7.92)		(-6.89)
ln(WK/GY)×1980 年代ダミー	-0.64***	ln(WK/GY)×1980 年代ダミー	-0.48***
	(-7.95)		(-9.25)
ln(DEP/K)×1950 年代ダミー	0.40*	ln(DEP/K)×1950 年代ダミー	0.24**
	(1.94)		(2.08)
ln(DEP/K)×1960 年代ダミー	-0.09	ln(DEP/K)×1960 年代ダミー	-0.11**
	(-1.16)		(-2.29)
ln(DEP/K)×1970 年代ダミー	0.01	ln(DEP/K)×1970 年代ダミー	0.07*
	(0.15)		(1.84)
ln(DEP/K)×1980 年代ダミー	-0.04	ln(DEP/K)×1980 年代ダミー	-0.002
	(-1.08)		(-0.10)
年ダミー	yes	年ダミー	yes
定数項	yes	定数項	yes
P 値（Hansen 検定）	0.65	P 値（Hansen 検定）	0.26
P 値（AR(3)）	0.37	P 値（AR(3)）	0.15
操作変数の数	131	操作変数の数	131
観測値数	4629	観測値数	4667

（ ）内の数値は Z 値を表す。*** は 1% 水準で，** は 5% 水準で，* は 10% 水準で有意であることを示す。

格指数が上昇すると企業は雇用に慎重になることを示している。特にこの推定結果から，より小規模な企業で雇用制限の傾向が強く見られることが分かる。これより，企業行動が（疑似）市場経済的な特徴，換言すれば分権的な意思決定に基づいておこなわれていたとみることが出来る。

 ln(WK/GY) の従属変数 ln(L^*-L) 及び lnMPL に対する影響は負に有意である。これより流動資金の充足度を示す ln(WK/GY) が増加した場合，企業は雇用増加に積極的になるという傾向がみられる。これは，従業員の雇用増加を誘発する一つの要因として，流動資金（WK）の増加が考えられることを示しており[32]，同時に流動資金の充足と雇用との関係は補完関係にあることが分かる。

 減価償却費の固定資産比率（DEP/K）は，1950年代には従属変数 ln(L^*-L) 及び lnMPL の双方に対してプラスで統計的に有意であるが，その他の時期では，1960年代にマイナスに，1970年代にプラスとなっているものの従属変数 lnMPL のみに対して統計的に有意である。即ち1950年代には企業が固定資産投資のための減価償却積立をより多く行ったときには雇用を控える，即ち固定資産投資のための資金調達と雇用が代替的であること，lnMPL との関係のみに注目すれば，1960年代には固定資産投資のための減価償却積立をより多く行ったときには雇用も積極的になること，及び1970年代には固定資産投資のための減価償却積立をより多く行ったときには雇用には消極的になることが分かる。そしてその他の時期では統計的有意性という点からやや説得力の弱い推定結果となっている。1950年代に上述のような傾向がみられたことは，当時は計画経済以前から継続・残存する企業が国営企業として吸収・合併さ

---

32)「企業が雇用に慎重になる」や「企業の雇用増加を誘発する」というのは，統制経済下で政府によって雇用が決定されていた計画経済期における企業行動としては奇異に映るかもしれない。但し，第1章でも述べたように，「緩い計画経済」という中国の計画経済の特徴の中で，生産要素の融通などは現場，或いはより下位の政府のレベルで対応していた，という記述が文献資料にもみられることから，この推定結果はそのような様相を切り取ったものと考えられよう。

れていったり，新しい国営企業が設立されたりする時期で，固定資産投資が盛んであった時期と考えられる。そのための資金を充足させることが優先され，その一方で，雇用に対しては抑制的であったと考えられる。

賃金率対数値 $\ln w$ の係数推定値は統計的に有意な結果は得られなかった[33]。

以上をまとめると，資本（K）と価格指数の増加は，雇用の変化に対して負の影響，即ち企業が雇用抑制的になるという影響を与える。つまり，これらの要素は企業の過少雇用を誘発させる。一方で流動資金の増加は，企業の雇用を促進させる，即ち企業の過少雇用を軽減させる効果を持つことが分かる。

表3-3は各独立変数×企業設立ダミーを用いた推定式の推定結果を示している。ここで企業の設立時期の相違による各独立変数の従属変数 $\ln(L^*-L)$ 及び $\ln(MPL)$ に対する異なる影響の有無を確認する。

ここで表3-3における推定結果について，$\ln(K/L)$，$\ln(P/GK)$，$\ln(WK/GY)$ には統計的有意性がみられ，$\ln(DEP/K)$ については統計的有意性はみられなかった[34]。そして $\ln(K/L)$，$\ln(P/GK)$ はプラスに有意で，$\ln(WK/GY)$ はマイナスに有意であった。以上のようにこれらの変数については表3-2に示す推定結果と同様の結果となった。つまり，企業設立時期がいつであるかに関わらず，これらの変数の企業行動への影響に顕著な差はみられない。そして $\ln(DEP/K)$ は，すべての企業設立時期において有意ではない[35]。

表3-4において従属変数に回帰される独立変数は，各独立変数×時期ダミー×企業設立ダミーとして作成されている。ここでは，表3-3における $\ln(DEP/K)$ ×各年代設立ダミーの推定値が統計的有意性を持つ

---

33) $\ln GY$ はコントロール変数であるので，ここでは推定結果の詳述は割愛する。
34) $\ln GY$ はコントロール変数であるので，推定結果への言及は割愛する。
35) $\ln w$ もまた表3-2に示す推定結果と同様に有意ではなかった。そのため表3-3に示していない。

表3-3　推定結果2

独立変数	従属変数=$\ln(L^*-L)$ 1	独立変数	従属変数=$\ln MPL$ 2
$\ln(K/L)$×1950年代設立ダミー	1.04*** (7.18)	$\ln(K/L)$×1950年代設立ダミー	0.86*** (13.86)
$\ln(K/L)$×1960年代設立ダミー	0.94*** (11.01)	$\ln(K/L)$×1960年代設立ダミー	0.87*** (18.12)
$\ln(K/L)$×1970年代設立ダミー	1.02*** (9.77)	$\ln(K/L)$×1970年代設立ダミー	0.86*** (16.60)
$\ln(P/GK)$×1950年代設立ダミー	1.77*** (8.77)	$\ln(P/GK)$×1950年代設立ダミー	1.45*** (16.36)
$\ln(P/GK)$×1960年代設立ダミー	1.48*** (9.87)	$\ln(P/GK)$×1960年代設立ダミー	1.26*** (14.91)
$\ln(P/GK)$×1970年代設立ダミー	1.74*** (11.53)	$\ln(P/GK)$×1970年代設立ダミー	1.43*** (15.70)
$\ln GY$×1950年代設立ダミー	1.90*** (9.69)	$\ln GY$×1950年代設立ダミー	1.51*** (18.07)
$\ln GY$×1960年代設立ダミー	1.48*** (12.21)	$\ln GY$×1960年代設立ダミー	1.31*** (17.07)
$\ln GY$×1970年代設立ダミー	1.87*** (12.90)	$\ln GY$×1970年代設立ダミー	1.50*** (16.97)
$\ln(WK/GY)$×1950年代設立ダミー	-0.67*** (-5.27)	$\ln(WK/GY)$×1950年代設立ダミー	-0.51*** (-7.44)
$\ln(WK/GY)$×1960年代設立ダミー	-0.48*** (-4.09)	$\ln(WK/GY)$×1960年代設立ダミー	-0.34*** (-4.10)
$\ln(WK/GY)$×1970年代設立ダミー	-0.58*** (-3.91)	$\ln(WK/GY)$×1970年代設立ダミー	-0.49*** (-5.08)
$\ln(DEP/K)$×1950年代設立ダミー	-0.05 (-0.59)	$\ln(DEP/K)$×1950年代設立ダミー	-0.01 (-0.20)
$\ln(DEP/K)$×1960年代設立ダミー	0.04 (0.91)	$\ln(DEP/K)$×1960年代設立ダミー	0.04 (1.35)
$\ln(DEP/K)$×1970年代設立ダミー	-0.05 (-1.02)	$\ln(DEP/K)$×1970年代設立ダミー	-0.003 (-0.12)
年ダミー	yes	年ダミー	yes
定数項	yes	定数項	yes
P値(Hansen検定)	0.45	P値(Hansen検定)	0.45
P値(AR(3))	0.26	P値(AR(3))	0.22
操作変数の数	106	操作変数の数	106
観測値数	4,629	観測値数	4,667

( )内の数値はZ値を表す。*** は1%水準で，** は5%水準で，* は10%水準で有意であることを示す。

ていないという点を考慮し，推定式から除外している[36]。

表3-4における推定結果においても，$\ln(K/L)$，$\ln(P/GK)$，$\ln(WK/$

---

[36] 同様に$\ln(W)$もこれまでの推定結果を受けてこの推定式から除外している。

表3-4 推定結果3

従属変数=$\ln(L^*-L)$		従属変数=$\ln MPL$	
1		2	
独立変数		独立変数	
$\ln(K/L)\times$1950年代×50年代設立ダミー	0.74***	$\ln(K/L)\times$1950年代×50年代設立ダミー	0.53**
	(2.60)		(2.51)
$\ln(K/L)\times$1960年代×50年代設立ダミー	1.05***	$\ln(K/L)\times$1960年代×50年代設立ダミー	0.77***
	(6.60)		(9.52)
$\ln(K/L)\times$1970年代×50年代設立ダミー	0.68***	$\ln(K/L)\times$1970年代×50年代設立ダミー	0.62***
	(7.70)		(9.59)
$\ln(K/L)\times$1960年代×60年代設立ダミー	1.02***	$\ln(K/L)\times$1960年代×60年代設立ダミー	0.79***
	(5.41)		(9.34)
$\ln(K/L)\times$1970年代×60年代設立ダミー	0.58***	$\ln(K/L)\times$1970年代×60年代設立ダミー	0.55***
	(7.81)		(9.60)
$\ln(K/L)\times$1970年代×70年代設立ダミー	0.69***	$\ln(K/L)\times$1970年代×70年代設立ダミー	0.61***
	(10.15)		(11.56)
$\ln(P/GK)\times$1950年代×50年代設立ダミー	1.42***	$\ln(P/GK)\times$1950年代×50年代設立ダミー	1.08**
	(2.58)		(2.35)
$\ln(P/GK)\times$1960年代×50年代設立ダミー	1.72***	$\ln(P/GK)\times$1960年代×50年代設立ダミー	1.22***
	(5.86)		(9.17)
$\ln(P/GK)\times$1970年代×50年代設立ダミー	1.30***	$\ln(P/GK)\times$1970年代×50年代設立ダミー	1.11***
	(6.88)		(9.01)
$\ln(P/GK)\times$1960年代×60年代設立ダミー	1.51***	$\ln(P/GK)\times$1960年代×60年代設立ダミー	1.02***
	(5.21)		(5.78)
$\ln(P/GK)\times$1970年代×60年代設立ダミー	1.25***	$\ln(P/GK)\times$1970年代×60年代設立ダミー	1.04***
	(7.83)		(9.17)
$\ln(P/GK)\times$1970年代×70年代設立ダミー	1.38***	$\ln(P/GK)\times$1970年代×70年代設立ダミー	1.10***
	(9.02)		(10.63)
$\ln GY\times$1950年代×50年代設立ダミー	1.72***	$\ln GY\times$1950年代×50年代設立ダミー	1.30***
	(3.49)		(3.10)
$\ln GY\times$1960年代×50年代設立ダミー	1.82***	$\ln GY\times$1960年代×50年代設立ダミー	1.33***
	(6.94)		(11.31)
$\ln GY\times$1970年代×50年代設立ダミー	1.49***	$\ln GY\times$1970年代×50年代設立ダミー	1.26***
	(7.64)		(9.67)
$\ln GY\times$1960年代×60年代設立ダミー	1.55***	$\ln GY\times$1960年代×60年代設立ダミー	1.05***
	(5.40)		(5.65)
$\ln GY\times$1970年代×60年代設立ダミー	1.45***	$\ln GY\times$1970年代×60年代設立ダミー	1.20***
	(9.12)		(10.23)
$\ln GY\times$1970年代×70年代設立ダミー	1.61***	$\ln GY\times$1970年代×70年代設立ダミー	1.29***
	(10.99)		(13.16)
$\ln(WK/GY)\times$1950年代×50年代設立ダミー	−0.43	$\ln(WK/GY)\times$1950年代×50年代設立ダミー	−0.11
	(−1.04)		(−0.31)
$\ln(WK/GY)\times$1960年代×50年代設立ダミー	−0.60***	$\ln(WK/GY)\times$1960年代×50年代設立ダミー	−0.37***
	(−3.26)		(−4.16)
$\ln(WK/GY)\times$1970年代×50年代設立ダミー	−0.26*	$\ln(WK/GY)\times$1970年代×50年代設立ダミー	−0.24**
	(−1.73)		(−2.27)
$\ln(WK/GY)\times$1960年代×60年代設立ダミー	−0.39	$\ln(WK/GY)\times$1960年代×60年代設立ダミー	−0.11
	(−1.51)		(−0.66)
$\ln(WK/GY)\times$1970年代×60年代設立ダミー	−0.37***	$\ln(WK/GY)\times$1970年代×60年代設立ダミー	−0.29***
	(−3.30)		(−3.34)
$\ln(WK/GY)\times$1970年代×70年代設立ダミー	−0.29***	$\ln(WK/GY)\times$1970年代×70年代設立ダミー	−0.31***
	(−2.15)		(−3.29)
年ダミー	yes	年ダミー	yes
定数項	yes	定数項	yes
P値(Hansen検定)	0.70	P値(Hansen検定)	0.37
P値(AR(3))	0.38	P値(AR(3))	0.32
操作変数の数	151	操作変数の数	151
観測値数	4859	観測値数	4909

( )内の数値はZ値を表す。***は1%水準で,**は5%水準で,*は10%水準で有意であることを示す。

GY)には統計的有意性がみられた[37]。そして$\ln(K/L)$, $\ln(P/GK)$はプラスに有意で, $\ln(WK/GY)$はマイナスに有意であった。

$\ln(WK/GY)$についてより詳細に述べれば, 1950年代における1950年代設立企業及び1960年代における1960年代設立企業においては統計的有意性がみられない。このことから, 設立年度が比較的新しい企業では流動資金の充足度は企業の雇用に関する行動に対してあまり影響を与えないことが分かる。但し, 1970年代における1970年代設立企業の$\ln(WK/GY)$の係数推定値の符合はマイナスで1%水準で有意であることから, 計画経済期の終盤である1970年代になると流動資金の充足は企業の雇用と密接な関係を持ち始めることが分かる。また, 企業の存続年数が長くなると, 流動資金の充足度の高まりが企業の雇用に対する積極性を誘発することが, 1950年代設立企業の1960年代, 1970年代における$\ln(WK/GY)$の係数推定値の符合が有意にマイナスであること, そして同様に1960年代設立企業の1970年代における$\ln(WK/GY)$の係数推定値の符合も有意にマイナスであることからうかがえる。

以上より, $\ln(K/L)$, $\ln(P/GK)$, $\ln(WK/GY)$の従属変数$\ln(L^*-L)$及び$\ln(MPL)$に対する推定結果には, 頑健性があることが分かる。

5 まとめ

本章では, 計画経済期中国の国営企業は過少雇用の状態にあったのか否かについてマイクロレベルから実証的にアプローチした。そして更に, もしそのような過少雇用の状態にあったのなら, どのような要因が国営部門を過少雇用状態に導いたのかについての実証的解明を試みた。

本章の分析を通じて得られた知見を要約すると以下のとおりである。

---

37) $\ln GY$はコントロール変数であるので, 推定結果への言及は割愛する。

第一に，計画経済期中国の国営企業は，マイクロレベルにおいても過少雇用状態にあった。先行研究は改革開放初期を分析対象時期としており，本章は計画経済期をその分析対象としているため，両者の分析対象時期は若干異なるものの，先行研究によって明らかにされた知見と整合的である。

第二に，利潤最大化レベルの雇用量と現行のそれの間に生じているギャップを拡大する要因には，固定資産の増加，そして特に小規模企業において価格の上昇が挙げられる。固定資産投資と雇用との間には代替的な関係がみられる。また価格の上昇と雇用との代替関係は，特に総資産で測った企業規模におけるより小さいそれにおいて，より強くみられる。

第三に，利潤最大化レベルの雇用量と現行のそれの間に生じているギャップを縮小する要因としては，流動資金の充足度が挙げられる。企業は，日常の操業に必要な流動資金の充足度が高まると，雇用に積極的になるという傾向がみられた。特に存続年数が長くなってくると，その傾向がより鮮明にみられるようになる。

以上はまた，計画経済システム下における制限・制約があったとしても，企業運営に関する行動を限定的ではあるものの現場レベルで裁量していることを含意している。換言すれば，国営企業，もしくは国営企業を管轄する地方政府は，より高位の政府からの指令を受け，それに基づいて行動するだけでなく，特に流動資金や雇用といった資源調達の側面において一定の範囲で判断する事実上の裁量と能力を持っていたことを示唆している[38]。

本章で採用された実証モデルは，その改良を通じて実証分析を進めることで，更に本章の結果をより意義深いものにしていくことができよう。

---

38) これは，先行研究で指摘された中国計画経済期における分権化への志向や資源配分等の面における計画経済メカニズムを通じた実施の実際上の困難さに関して整合的であることを示している。

ここで，本章の分析結果を踏まえて生じるもうひとつの疑問について考えてみたい。それは資源不足や物資供給の遅延が生じたとき，現場レベルではなぜ生産をあきらめなかったのかというものである。無理な生産計画でその達成が難しいとき，現場レベルではなぜ困難を克服して少しでも生産活動を維持しようとしたのであろうか。集権的意思決定の貫徹が困難なことが経済活動における分権的意思決定を必然的に促進するわけではない。そこで以下の補論では，この点について分析をおこない，議論を展開してみたい。

第 3 章　国営企業の行動様式

補表 3　記述統計表（河北省軽工業国営企業マイクロデータ）

年	GY 合計	GY 平均	GY 標準偏差	K 合計	K 平均	K 標準偏差	L 合計	L 平均	L 標準偏差	WK 合計	WK 平均	WK 標準偏差	π 合計	π 平均	π 標準偏差
1950	2200.00	122.22	166.48	503.00	29.59	77.41	3255	180.83	196.54	253.00	36.14	50.63	57.00	5.18	4.45
1951	3222.00	146.45	228.90	620.00	28.18	73.57	4226	192.09	227.20	436.00	54.50	58.45	285.00	20.36	22.25
1952	5972.00	180.97	266.87	1392.00	42.18	82.94	7533	235.41	287.62	654.00	34.42	45.83	233.00	9.32	11.35
1953	8537.00	218.90	358.05	1633.00	41.87	80.63	9991	256.18	331.73	708.00	29.50	37.58	474.00	17.56	20.49
1954	9904.00	230.33	352.77	1885.00	43.84	85.08	10662	247.95	320.01	863.00	29.76	39.59	722.00	22.56	24.71
1955	10683.00	234.80	397.86	1968.00	44.73	85.56	10554	239.86	282.19	753.00	22.82	27.24	868.00	24.11	30.04
1956	11584.00	199.72	362.65	2404.00	41.45	76.75	15421	270.54	337.48	989.00	23.55	31.80	648.00	12.96	26.06
1957	15821.00	239.71	447.94	2649.00	39.54	74.92	15126	232.71	224.96	1421.00	27.86	35.20	999.00	17.22	25.30
1958	16921.14	222.65	410.32	3274.00	41.97	76.44	26448	343.48	363.86	1526.00	24.61	30.50	1931.00	30.17	42.35
1959	22586.17	242.86	470.14	4273.00	44.51	80.09	27971	300.76	328.67	2182.00	27.97	53.51	2430.00	29.63	48.49
1960	19645.61	185.34	278.96	5477.00	50.25	82.67	28753	266.23	271.83	3282.00	36.07	57.25	2488.00	26.47	46.92
1961	13393.27	114.47	179.97	6314.72	53.51	84.21	27365	231.90	253.85	4635.00	45.44	91.34	1024.00	10.78	25.67
1962	13820.87	107.98	186.33	7361.42	57.51	88.67	23312	180.71	244.76	4471.00	38.54	89.47	1634.00	14.46	32.91
1963	26147.91	99.05	163.15	15868.40	59.88	91.04	48733	183.21	247.63	7836.00	33.20	66.28	2826.43	12.29	24.42
1964	15637.80	107.85	205.12	9935.01	68.05	103.06	26355	180.51	238.85	4107.00	31.11	64.75	3206.00	25.05	93.07
1965	20741.11	131.27	294.62	11282.82	69.65	105.32	29835	186.47	227.65	4601.00	31.95	70.13	3097.04	21.51	41.32
1966	24541.43	144.36	373.13	12377.91	71.55	108.04	33063	192.23	224.46	6033.00	37.94	85.90	4243.00	27.91	80.37
1967	25328.02	143.10	326.90	14095.92	79.19	126.87	35229	200.16	227.99	7055.00	44.37	105.47	2929.00	18.66	67.08
1968	30988.43	168.42	457.23	14504.97	77.98	114.66	41652	222.74	256.90	9684.00	56.63	167.50	2664.00	16.65	40.51
1969	41021.37	209.29	618.45	15903.91	80.32	105.39	50619	254.37	284.71	10773.00	58.87	145.57	3921.00	22.80	53.91
1970	50618.17	235.43	601.99	18723.44	86.28	115.54	59038	272.06	288.78	16096.00	78.52	252.31	4949.45	25.00	47.56
1971	49852.86	207.72	384.12	22220.56	91.44	116.56	66938	277.75	293.90	15123.80	65.76	182.58	5053.83	24.30	57.42
1972	56128.82	204.10	411.54	24281.67	87.03	132.38	73989	266.15	291.03	16111.38	60.34	147.79	4623.08	18.20	49.71
1973	66780.48	222.60	517.97	27281.14	90.33	136.75	76152	250.50	285.08	18613.08	65.54	143.07	6572.00	25.08	74.38
1974	71639.41	234.88	606.48	28561.49	93.03	136.93	79614	257.65	286.94	19618.03	66.28	132.74	6521.00	23.97	76.78
1975	80534.19	239.69	622.45	33923.44	100.37	152.62	89010	262.57	290.45	21823.42	67.15	115.84	6962.42	22.83	56.09
1976	84064.34	233.51	612.47	35039.73	96.00	139.98	98337	269.42	287.28	24518.87	69.66	124.81	3848.15	11.70	41.14
1977	92730.65	242.12	734.20	41570.02	107.69	156.87	112369	291.11	314.43	26828.79	72.31	153.22	3746.00	10.58	61.82
1978	100841.16	252.10	669.88	46965.45	116.24	157.36	119369	296.20	325.28	29262.96	76.60	165.18	4871.06	13.20	49.26
1979	104504.78	251.82	666.30	52220.99	124.63	165.53	130561	311.60	350.21	850.00	121.43	177.33	6862.02	18.06	46.70
1980	114780.71	273.94	719.21	59515.24	139.71	182.46	136933	321.44	359.44	38627.95	95.38	203.60	8808.00	24.13	67.84
	(万元)	(万元)		(万元)	(万元)		(人)	(人)		(万元)	(万元)		(万元)	(万元)	

87

補論　資金の優先配分の方針と企業パフォーマンス
―― 企業の生産へのインセンティブ付与をおこなえていたか

1 はじめに

　上述したように第3章の分析結果は，現場での一定程度の意思決定が存在したことを示唆している。序章でまとめられていたように先行研究では，中国の計画経済は資源等の不足や無理な生産計画のために集権的意思決定を貫徹することが難しく，結果として地方レベル，現場レベルでの裁量を発揮して資源不足問題に対応しなければならず，意思決定が分権化しがちであった。そうした先行研究の議論と第3章の分析結果は整合的である。

　ここでもう一つの選択肢として，序章で先行研究によって指摘されたような資源不足や無理な生産計画のために計画が変更されるような状況が中国計画経済にみられたならば，個別企業レベル，或いは計画実行部隊でもある地方政府は与えられた指令による生産をあきらめる，事態を静観するという態度を採ることもありうるだろう。しかし当時の企業や地方政府はそのような選択肢を選ばず，結果として中国計画経済は第2章でみたように生産を継続している。

　本当に現場レベルは生産を「あきらめない」選択をしたのか。それはどのような要因によるのか。次にこの点について先行研究と記述統計から考察してみよう。

2 いくつかの周辺的事実

2-1 先行研究等からの示唆

　第2章でも述べたように，大躍進期やその後の調整期，または文化大革命期の一部の時期における停滞や混乱はみられるものの，中国経済はその規模において計画経済期も拡大傾向にあり，個別企業レベルでもその生産性は必ずしも低下していない。これより，たしかに個別企業や計画実行部隊である地方政府は，計画遂行の困難性によって生産活動をあきらめるのではなく，資源不足等の困難な中でも何とか生産を続けようとしていたと考えられよう。そしてこれは，筆者の当時を知る中国現地のインフォーマントへの次のようなヒアリング内容からも整合性を持ってうかがい知ることができる。筆者らのヒアリングによれば，計画経済当時，確かに資源調達に問題が生じ生産が困難に陥ることはしばしばあったという。しかし，「それ（計画）はそれとして，地方工業の発展は何より地元の経済・社会そして人々の生活にとって重要だという認識は当時の地元有識者や地方政府にはあったので，生産現場の工場では何とか生産を維持しようとしていた」という[1]。即ち，資金をはじめとする資源不足，その他のさまざまな困難の中でも生産活動をあきらめないという姿勢と行動は，当時の地方工業にはみられたということが数少ない事例ではあるものの，ここから示唆される。

　このような計画経済期における計画遂行の困難性の中でも企業が生産を継続しようとするような姿勢がもし地方工業にみられたならば，次で

---

[1] 江蘇省無錫市における筆者らのヒアリング調査による。無錫市は，改革開放後も軽工業の一大生産地となったが，計画経済期以前からの民族工業の発展が著しい地域でもあり，改革開放後の当該地における軽工業の発展は，そうした歴史を持つ民族工業の発展の蓄積の上に実現したともいえる。

補　論　資金の優先配分の方針と企業パフォーマンス

みるような流動資金優先配分の方針は，企業，或いはそれを管轄する地方政府に企業にとって流動資金獲得へのインセンティブとなった可能性がある。

　それは具体的には，資金不足問題に対応するために出された国家レベルでの資金配分における方針である。資金不足の深刻化によって，1970年頃における企業の日常操業のための流動資金の配分については，重工業企業へのその配分は計画に基づいて行われるものの，軽工業企業へは一定の成果を挙げた企業に対して流動資金を優先的に配分する，という方針が国務院より出された[2]。つまり軽工業企業については，慢性的な流動資金不足のなか，パフォーマンスが高い企業がより多くの流動資金を獲得できる，或いは優先的に流動資金にアクセスできる，ということになったのである。この方針により，軽工業企業においては企業パフォーマンスの高さと流動資金の獲得は関連付けられることになった。但し，企業の倒産のような市場経済における淘汰メカニズムが機能しない計画経済システム下では，企業はこのような流動資金優先配分の方針下でも，必ずしも流動資金獲得のために自己のパフォーマンス向上を目指すとは限らない。資金不足で生産活動が困難ならば企業は生産目標達成をあきらめる，資金不足が解消するまで生産をストップさせる，という選択肢もありうるはずである。上述した議論は，「生産をあきらめない」ことの論理的な根拠としては必ずしも強くないが，第2章の結果が示すとおり工業部門の生産額規模は計画経済期においても停滞しているわけではなく，また上述したように現場レベルで「あきらめない姿勢と行動」が採られていた可能性も十分ある。これらの状況証拠からは，少なくとも現場レベルで企業は資金不足だからといって生産をストップさせるような状況や，或いは雰囲気は醸成されていなかったと考えてもよさそうで

---

[2]　サービス業企業については，銀行借り入れを主として流動資金を調達するもの，とされた。即ち，第2次，第3次企業については，流動資金配分において明確な優先順位が設けられたという（鄒・欧陽等，2009）。

ある。

　そしてもし，企業が計画に基づいて与えられる生産目標の達成を資金不足のためにあきらめないという状況があれば，この流動資金の優先配分の方針は，計画経済システム下の企業に対しても，流動資金獲得のための企業パフォーマンス向上へのインセンティブ付与に貢献した可能性がある。

　また企業がパフォーマンス向上を意識していたのなら，この流動資金優先配分の方針以外にも，序章で述べたように生産現場レベルで出来るだけコストを削減することや，利潤[3]を増やすことが奨励されていたことも，個別企業や生産現場に利潤獲得やコスト削減を志向させるきっかけとなり，更には企業へのパフォーマンス向上に対するインセンティブ付与につながっていくことになろう[4]。

　これらの先行研究等の議論を含む諸議論から，企業が生産をあきらめなかった背景には，企業や地方政府といった現場レベルに資源不足による生産継続の困難性をなんとか打開しようとする姿勢が見られたこと，またそのような中で企業のパフォーマンス向上と資源[5]配分とをリンク

---

3) 計画経済期においても，「利潤」という考え方はあり，その捉え方は生産額から生産にかかったコストを除するものとされていた（現地ヒアリングによる）。但しその価格は市場で決定されるものではない。

4) 但し本章「はじめに」でも述べたように，この企業の「利潤」やコスト削減への志向やインセンティブは，市場経済下の企業と同様のものとは捉えにくい。この背景には，政府が採用した流動資金の優先配分や企業へのコスト削減の奨励等の方針がある。そこで，企業自身が計画経済遂行の困難性を認識して自身でいわば自発的にコスト削減を行ったり，企業パフォーマンスを上げようとしたりするとは考えにくい。企業のインセンティブは直接的に利潤獲得やコスト削減を志向するというよりも，むしろこれらの政府の方針，或いはその方針を実行する，自己を監督する地方政府との関係に向けられたものと捉える方が自然であろう。そうならば，このインセンティブは，市場経済下の企業のインセンティブとは異質なものと捉えられる。

5) この場合は流動資金を指す。

補　論　資金の優先配分の方針と企業パフォーマンス

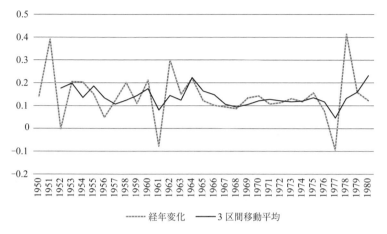

図 補論-1　利潤率（対総生産額）

出所：計測結果より筆者作成

させていこうとする資源の優先配分の方針の存在があると考えられる。

2-2　記述統計からの示唆

以下では，企業パフォーマンスに対する流動資金獲得の重要性を，計画経済期を通してグラフで確認してみよう。これにより，記述統計のレベルで上記の議論を把握しておく。

まず，企業パフォーマンスの確認のために当時の利潤率の動きを見てみよう。

図 補論-1は，総生産額に対する利潤の比率の経年変化及びその3区間（年）移動平均をみたものである。これより1960年代前半まで，変動は大きいものの比較的高い利潤率を維持してきたが，1960年代後半以降，特に1970年代には利潤率はそれまでよりも低いレベルで推移している。1970年代には企業数がそれまでよりも増えて，同一業種の企業における利潤獲得が以前よりも相対的に難しくなっていっている，換言すれば，

93

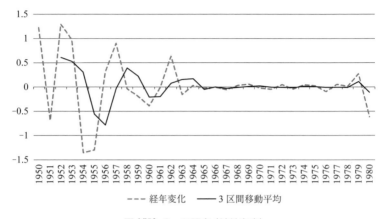

図 補論-2 利潤率（対総資産）

出所：計測結果より筆者作成

生産主体が分散する傾向にあることを表している。

図 補論-2は対総資産にみる利潤の比率の経年変化とその3区間（年）移動平均を示したものである。ここでも図 補論-1と同様の傾向がみられ，1960年代前半には一部の時期を除いて相対的に高い利潤率を維持するものの，1960年代以降には利潤率のレベルは低くなっている。特に対総資産利潤率は対総生産額利潤率よりも低く，1960年代後半以降はほとんどゼロに近い状態が続いている。

利潤率をみると，特に1960年代後半以降，生産額に占める利潤率はそれまでよりも低いとはいえ一定程度の水準を維持している。但し総資産から生み出される利潤率はほぼゼロで，資金面からみたパフォーマンスは決してよくないことが分かる。しかしこれも，対総生産額利潤率について述べたような，同一業種の企業の増加に伴って個別生産主体が獲得できる利潤率が極めて小さくなっているという側面を表しているのかもしれない。

次に，企業のパフォーマンスのみでなく，そのパフォーマンスに対す

補　論　資金の優先配分の方針と企業パフォーマンス

る当時の（流動）資金の重要性を知るために，2種類の生産性の経年変化をみることにしよう。後述するように生産性に注目することで，より純粋な企業パフォーマンスを知ることが出来る。

　ここで生産性は，他の章における生産性計測と同様に TFP をその指標とし，コブ・ダグラス型生産関数の推定結果を用いてその定数項と残差を計測することによって TFP を算出する。そしてここでは2種類の TFP を計測し，それらの経年変化を比較する。1種類目の TFP 計測時に導入されるコブ・ダグラス型生産関数は，資本，労働を独立変数とし，総生産額を従属変数として設定される。この生産関数の推定結果を用いて計測される TFP を，ここでは「TFP1」としよう。2種類目の TFP 計測時に導入されるコブ・ダグラス型生産関数には，資本，労働のほかに，流動資金を独立変数として採用する。従属変数は「TFP1」計測のための生産関数と同様に総生産額である。

　この流動資金変数を独立変数に含む生産関数の推定結果を用いて計測される TFP を「TFP2」とする。即ち，「TFP1」は流動資金の生産性への影響を含むものであり，「TFP2」は流動資金の生産性への影響を除去したもの，換言すれば，流動資金の多寡に左右されないより純粋な生産性を計測したものということが出来る。

　そして「TFP1」と「TFP2」の経年変化の相違は，流動資金を考慮に入れたと場合と入れない場合での生産性（TFP）変化の傾向の差を現す。もし「TFP1」の経年変化が「TFP2」のそれと大差なければ，流動資金の多寡の TFP 経年変化への影響は，より純粋な生産性の変化，例えば技術進歩による生産性向上といった真の生産性の動向への影響に比べて小さいことを意味する。この場合，流動資金は比較的充足していると考えられ，その多寡は企業の生産性上昇にとってさして大きな意味を持たない。企業は流動資金の獲得よりも，生産コストの削減や技術の向上などを志向するほうが生産性向上にとって重要である。

　逆にもし，「TFP1」の経年変化が「TFP2」のそれよりも大きければ，資金は各企業において充足していないと考えられ，流動資金の多寡の

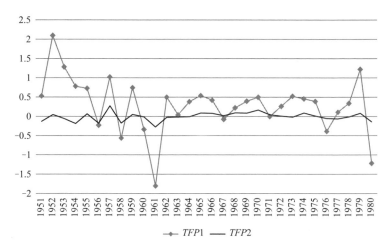

図 補論-3 *TFP*1 と *TFP*2 の経年変化

出所:計測結果より筆者作成

TFP 経年変化への影響が大きいことを意味する。そして流動資金の充足は企業の生産性向上にとって重要であり、それによって企業の生産性上昇が可能となろう。そしてこの後者のケースは、企業にとっての流動資金獲得の重要性、そして上で見たような軽工業企業を対象とする企業パフォーマンスに基づく流動資金の優先配分という方針が果たす企業のパフォーマンス向上へのインセンティブ付与の有効性をデータから確認することになる。

「*TFP*1」及び「*TFP*2」の経年変化を表したものが図 補論-3 に示されている。

ここで、「*TFP*1」の変動は「*TFP*2」のそれより大きいことが分かる。流動資金の影響を内包する「*TFP*1」とその影響を含まない「*TFP*2」の変動の差は、流動資金が生産性の変動に与える影響を示す。そして、この「*TFP*1」の変動が「*TFP*2」のそれより大きいという点から、流動資金が生産性変動に与える影響がかなり大きいことが分かる。即ち、流動

資金が獲得できれば，或いはより多く獲得できれば生産性の上昇は大きくなるし，逆に流動資金が獲得できなければ，或いはその獲得がより少なければ生産性の低下もまた顕著になる。企業のより純粋な意味での生産性を示す「TFP2」の変動はあまり大きくないものの，流動資金の多寡がその変動を増幅する効果を持っている。

これより，企業の生産維持及びその拡大に流動資金が大きく関係すること，即ち，企業のパフォーマンスにとって流動資金の獲得が如何に重要かが分かる。また当時このような状況であったことは，企業への流動資金優先配分という方針が企業に生産活動の維持，企業パフォーマンスの向上に対するインセンティブ付与のきっかけとなった可能性も示唆している。

3 分析枠組 ── 実証モデルの設定

上記でみたように，企業のパフォーマンスにとって流動資金の獲得が重要であったことが分かった。ではその流動資金の配分については，上で述べたような軽工業企業における流動資金の優先配分の方針に基づいて行われていたのであろうか。換言すれば流動資金優先配分の方針は，その方針が目指すところと整合的に企業パフォーマンス等を考慮して現場で運用されていたのであろうか。もしそのように運用されていたなら，企業に対する流動資金獲得へのインセンティブ付与を合理的に行えていたということができよう。但し，もし流動資金優先配分の方針が現場レベルでは貫徹されておらず，企業のパフォーマンスが流動資金獲得の多寡に何の影響も及ぼさない，更に言えば逆にパフォーマンスが相対的に低い企業が流動資金を多く獲得してしまう，というような事態が生じていたのならば，企業は流動資金獲得のためにパフォーマンスに対するインセンティブを特に持つことはなく，流動資金優先配分の方針もまたそ

のとおりに運用されていない,ということになろう。

　以下では,この点を検証するために次のような実証モデルを設定し,個別企業における流動資金獲得の多寡にどのような企業パフォーマンスを含む諸要因が影響するかを検証する。

　ここでは流動資金の規模そのもの[6]と,流動資金の対固定資産比率[7]それぞれを従属変数とする2種類の実証モデルを設定する。そして2種類の従属変数についてそれらの増減に与える企業パフォーマンスを含む諸要因の影響を分析する。前者はその文字が表すとおり,企業が獲得する流動資金量そのものに注目しており,後者は企業の固定資産規模の大きさによってある程度決まる必要な流動資金量を考慮したものである。後者の方が,企業の流動資金の多寡をその固定資産規模から相対化して捉えることが出来る指標で,企業の流動資金の多寡の実態をより反映したものといえよう。これにより複数の方面から企業が獲得する流動資金の多寡に与える諸要因の影響分析を行う。

　企業が獲得する流動資金の規模を従属変数とする推定式について,我々は以下の3種類を設定する。

$$\ln WK = \alpha_i + \beta_{PT}\ln PT_{it} + \varepsilon_{it} \tag{1}$$

$$\ln WK = \alpha_i + \beta_{TFP}TFP_{it} + \beta_{PT}\ln PT_{it} + \varepsilon_{it} \tag{2}$$

$$\ln WK = \alpha_i + \beta_{TFP}TFP_{it} + \beta_{PT}\ln PT_{it} + \gamma_X\ln X_{it} + \varepsilon_{it} \tag{3}$$

ここで $\ln WK$ は流動資金対数値,TFP は企業の生産性を表す。ここでの TFP は,具体的には前節でみた手続きで計測された $TFP2$ である。$\ln PT$ は納税前利潤額の対総生産額比率の対数値(以下,利潤率対数値),$\ln X$ はコントロール変数で価格指数や資本の限界生産性など,その他の説明変数の対数値がここに当てはまる。α は企業の個別効果項を,β,γ は推定されるべきパラメータ,ε は誤差項である。i は $i=1,2,3,……,$ で

---

6)　以下では流動資金対数値 $\ln WK$ と表現する。
7)　以下では流動資金の対固定資産比率の対数値 $\ln WKK$ と表現する。

補　論　資金の優先配分の方針と企業パフォーマンス

表される個別企業インデックス，t は $t=1,2,3,\cdots\cdots$，で表される年インデックスである。

続いて固定資産に対する流動資金量として相対化された流動資金の規模を従属変数とする推定式について，以下の3種類を設定する。

$$\ln WKK = \alpha_i + \beta_{PT}\ln PT_{it} + \varepsilon_{it} \qquad (4)$$
$$\ln WKK = \alpha_i + \beta_{TFP}TFP_{it} + \beta_{PT}\ln PT_{it} + \varepsilon_{it} \qquad (5)$$
$$\ln WKK = \alpha_i + \beta_{TFP}TFP_{it} + \beta_{PT}\ln PT_{it} + \gamma_X\ln X_{it} + \varepsilon_{it} \qquad (6)$$

ここで $\ln WKK$ は流動資金の対固定資産比率の対数値，より具体的には固定資産原値で測った固定資産規模に対する流動資金比率の対数値であり，その他の変数，パラメータ，インデックスは推定式 (1) から (3) のものと同様の意味づけを持つ。

次に，各独立変数の係数推定値の想定される符号について考えてみよう。

利潤率 ($\ln PT$) は，もし企業における利潤の上昇が当該企業が獲得できる流動資金を拡大させるのならば想定される利潤率 ($\ln PT$) の係数推定値はプラスである。そしてもし，この推定結果が統計的に有意であれば利潤へのインセンティブ付与が個別企業になされている可能性を示唆する。上で紹介した先行研究では，国務院の「流動資金優先配分」の方針にのみ言及しており実態の検証にまで踏み込んでいない。ここではこのような統計的テストを通じた実証分析により，この優先配分の方針がその狙い通りに現場レベルでの企業パフォーマンス向上に結果していたかどうかを解明する。先行研究によれば国務院の「流動資金優先配分」の方針では企業パフォーマンスは主として利潤が想定されている

TFP は，生産性上昇が流動資金供給量の増加に結果するならば想定される係数推定値はプラスである。特に利潤とは別に企業の生産性を正しく判断して流動資金配分ができているならばこの係数推定値はプラスである。しかしそうでない場合は有意でないことも考えられる。ここで TFP も企業パフォーマンスを表す指標である。もしこの TFP が統計的

99

に有意な結果を持つならば，企業は生産効率を上げようという意味での企業パフォーマンス向上を志向しており，またそれへのインセンティブを持っていると判断出来よう。

資本の限界生産性（MPK）は固定資産の充足度を表す。そしてここでは固定資産の充足度の相違が流動資金配分の多寡に与える影響をコントロールする意味を持つ。例えば十分な固定資産設備が整っていないために，流動資金を減額して配分する，逆に固定資産設備が整っているからそれを十分に稼動させられるよう流動資金をより多く配分する，というケースもありえよう。このような固定資産の充足程度の相違によって生じる流動資金配分の多寡を資本の限界生産性（MPK）はコントロールするものである。資本の限界生産性（MPK）が高ければ，それは当該企業は固定資産設備をまだ十分に保有していないことを意味し，資本の限界生産性（MPK）が低ければ，それは当該企業の固定資産設備は十分な規模で設置されていることを意味する。

労働の限界生産性（MPL）は労働の充足率を示し，上で見た資本の限界生産性（MPK）と同様に，労働の充足度の相違が配分される流動資金の多寡に与える影響をコントロールする変数である。このケースでは例えば，ある企業で労働力が不足しているために流動資金を多く配分しても意味がないから減額する，逆に労働力が充足しているならば流動資金をより多く配分しよう，といった事態が考えられる。この労働の限界生産性（MPL）の高低も上述の資本の限界生産性（MPK）の場合と同様の解釈ができる。

この他，価格変動の影響を除去するコントロール変数として価格指数（$Deflator$）が，企業規模をコントロールする変数として総生産額対数値（$\ln GY$）がそれぞれ独立変数として実証モデルに採用される。

尚，利潤率対数値（$\ln PT$）と生産性（TFP）の本章の実証モデルにおける意味づけの相違点を述べておく。どちらも企業パフォーマンスを表す変数として本章の実証モデルに採用されているが，利潤は価格変動の影響を受けるものである。計画経済下であれば，価格は（中央）政府が決

定しているため,その変動も(中央)政府の経済に対する統制の結果生じる。つまり計画経済期の利潤は純粋な意味で企業のパフォーマンスを表していない可能性が大きく,企業パフォーマンスに加えて政府の経済統制の方向性の結果を示すものと捉えられる。これに対して生産性(TFP)は利潤ほど価格の影響を受けにくい。この意味で,政府の意図やその結果行われる統制によって変動することは少ないと考えられる。そこで,ここでは企業パフォーマンス変数として利潤と生産性の2種類を実証モデルに採用する。そしてこれにより我々は,利潤と生産性のいずれが企業パフォーマンス変数として流動資金獲得により強い影響を持つかを推定結果から知ることが出来る。このとき,企業パフォーマンスと流動資金獲得との関係をテストできるだけでなく,生産性(TFP)で測られるより純粋な意味での企業パフォーマンス指標と,利潤率対数値($\ln PT$)で測られる政府の統制下にある価格の影響を受ける企業パフォーマンスのいずれが企業のインセンティブの対象となっているのかもうかがい知ることが出来る。換言すれば企業のインセンティブの方向が純粋な企業パフォーマンスの向上を目指すものになっているのか,それとも政府の統制を前提とした企業パフォーマンスの向上を目指しているのか,を明らかに出来る。そしてこの相違は,後に続く改革開放・市場経済化への適応性を測る上で重要である[8]。このため,我々は特にこれら利潤率対数値($\ln PT$)と生産性(TFP)の2つの企業パフォーマンス変数のいずれがより強く流動資金の拡大に影響するかに注目する。

　以上を通じて流動資金の多寡は何によって決定するのか,具体的には企業パフォーマンスの高さが,そしてどのような企業パフォーマンスの高さが流動資金の多寡を決定するのかを統計的にテストをする。そして

---

[8] 生産性の高さが企業パフォーマンスとしてより強く流動資金の増加に結果するのならば,企業は自ら生産性を高めようという動機付けをもつことになる。利潤は原材料,中間投入の価格や生産された財の価格にも影響を受け,それらの価格は計画経済の下では政府の統制下にある。そのため利潤(率)は生産性ほど純粋な企業パフォーマンス指標とはいえない。

これを通じて流動資金を獲得するために企業パフォーマンスを上げようと企業が志向し、そのための行動を採ったことが観察されるならば、市場経済下のそれとは異なるとしても企業へのインセンティブ付与、そして企業の自主性が計画経済期にもみられたことが示唆されよう。

4 企業パフォーマンスを上げる要因とは ── 推定結果

推定方法には System GMM を採用する。使用する企業マイクロデータは第3章の分析で使用したものと同じものである[9]。

企業が獲得する流動資金の規模、即ち流動資金対数値 ($\ln WK$) を従属変数とする推定式の推定結果は表 補論-1 に示されている。

まず利潤率対数値 ($\ln PT$) のみを流動資金対数値 ($\ln WK$) に回帰させた場合 (推定式2)、その係数推定値は1970年代にのみプラスに有意である。利潤率対数値 ($\ln PT$) とともに生産性 (TFP) を独立変数として採用した場合 (推定式3)、利潤率対数値 ($\ln PT$) の係数推定値は1950年代のみプラスで1960年代、1970年代にはマイナスであるが統計的には有意ではない。生産性 (TFP) の係数推定値は1950年代、1960年代にはプラスで統計的にも有意であるが、1970年代には統計的に有意ではない。利潤率対数値 ($\ln PT$)、生産性 (TFP) とコントロール変数である価格指数 ($deflator$) と総生産額対数値 ($\ln GY$) を独立変数として採用した場合 (推定式1)、利潤率対数値 ($\ln PT$) の係数推定値は1950年代、1960年代にはマイナス、1970年代にはプラスであるがいずれの年代でも有意ではない。生産性 (TFP) の係数推定値の符号はプラスで1950年代、1960年代は統計的に有意である。コントロール変数である価格指数 ($deflator$) の係数推定値はマイナスであるが統計的に有意ではない。

---

[9] データの実質化も他の章と同様の手続きで行っている。

表 補論-1 推定結果—$\ln WK$ への回帰分析推定結果

独立変数	従属変数 = $\ln WK$		
	1	2	3
$TFP_2 \times$ 1950年代ダミー	0.26***		0.61***
	(3.42)		(4.67)
$TFP_2 \times$ 1960年代ダミー	0.26***		0.62***
	(2.77)		(3.49)
$TFP_2 \times$ 1970年代ダミー	0.06		−0.03
	(0.96)		(0.35)
$\ln PT \times$ 1950年代ダミー	−0.10	−0.14	−0.16**
	(−1.54)	(−0.66)	(−2.09)
$\ln PT \times$ 1960年代ダミー	−0.06	0.21	0.16
	(−0.92)	(1.46)	(1.78)
$\ln PT \times$ 1970年代ダミー	0.12	0.62***	0.21
	(1.75)	(2.96)	(1.61)
$delator \times$ 1950年代ダミー	−7.02		
	(−0.76)		
$delator \times$ 1960年代ダミー	−10.71		
	(−0.81)		
$delator \times$ 1970年代ダミー	−9.14		
	(−1.03)		
$MPK \times$ 1950年代ダミー			
$MPK \times$ 1960年代ダミー			
$MPK \times$ 1970年代ダミー			
$MPL \times$ 1950年代ダミー			
$MPL \times$ 1960年代ダミー			
$MPL \times$ 1970年代ダミー			
$\ln GY$	0.69***		
	(9.72)		
年ダミー	yes	yes	yes
定数項	yes	yes	yes
P値（Hansen検定）	0.17	0.18	0.13
P値（AR(3)）	0.32	0.31	0.31
操作変数の数	101	52	73
観測値数	4258	4330	4258

（　）内はt値を表し，*** は1％水準，** は5％水準で有意であることを示す．

以上より表 補論-1 から，流動資金対数値（lnWK）を従属変数とした場合，利潤率対数値（lnPT），生産性（TFP）のいずれも流動資金対数値（lnWK）への影響は年代が下ると弱くなっている。但し，企業パフォーマンス変数である利潤率対数値（lnPT）と生産性（TFP）を比べると生産性（TFP）の方がより強く統計的優位性を持っていることが分かる。

　表 補論-2 は，流動資金の対固定資産比率対数値（lnWKK）を従属変数とする推定式の推定結果を示す。

　まず，利潤率対数値（lnPT）のみを流動資金の対固定資産比率の対数値（lnWKK）に回帰させた場合（推定式2），その係数推定値はいずれの年代においても有意ではない。利潤率対数値（lnPT）とともに生産性（TFP）を独立変数として採用した場合（推定式3），利潤率対数値（lnPT）の係数推定値はすべての年代において統計的に有意ではない。一方で生産性（TFP）の係数推定値は 1950 年代，1960 年代，1970 年代のすべてにおいてその符号プラスで統計的にも有意である。つまり，利潤率対数値（lnPT）よりも生産性（TFP）の方が，強い影響を流動資金の対固定資産比率の対数値（lnWKK）に与えていることが分かる。利潤率対数値（lnPT），生産性（TFP）に加えて，資本の限界生産性（MPK），労働の限界生産性（MPL），価格指数（$deflator$）と総生産額対数値（lnGY）をコントロール変数として採用した場合（推定式1）にも，利潤率対数値（lnPT）の係数推定値はいずれの年代でも有意ではない。一方，生産性（TFP）の係数推定値の符号はプラスで且つ 1950 年代，1960 年代，1970 年代すべての年代で統計的に有意である。

　以上より表 補論-2 から，流動資金の対固定資産比率の対数値（lnWKK）を従属変数とした場合，利潤率対数値（lnPT）よりも生産性（TFP）の方が流動資金の対固定資産比率の対数値（lnWKK）への影響が強く，その係数推定値の符号はプラスで統計的にも有意である。企業パフォーマンス変数である利潤率対数値（lnPT）と生産性（TFP）を比べると生産性（TFP）の方がより強く統計的優位性を持っていることが分かる。

　総じて，企業パフォーマンス変数のうち利潤よりも生産性の方がより

補　論　資金の優先配分の方針と企業パフォーマンス

表 補論-2 推定結果―lnWKK への回帰分析推定結果

独立変数	従属変数 = lnWKK		
	1	2	3
TFP×1950年代ダミー	0.55***		0.53***
	(5.10)		(6.49)
TFP×1960年代ダミー	1.08***		0.77***
	(4.77)		(6.37)
TFP×1970年代ダミー	0.59***		0.03***
	(3.43)		(5.04)
lnPT×1950年代ダミー	-0.14	0.003	0.066
	(-1.89)	(0.04)	(0.77)
lnPT×1960年代ダミー	-0.08	-0.03	0.001
	(-1.47)	(-0.32)	(0.02)
lnPT×1970年代ダミー	-0.004	0.033	0.05
	(-0.08)	(0.46)	(0.71)
$delator$×1950年代ダミー	-11.11		
	(-0.98)		
$delator$×1960年代ダミー	-10.71		
	(-0.95)		
$delator$×1970年代ダミー	-13.92		
	(-1.27)		
MPK×1950年代ダミー	0.43***		
	(3.43)		
MPK×1960年代ダミー	0.18		
	(1.23)		
MPK×1970年代ダミー	0.35**		
	(2.48)		
MPL×1950年代ダミー	-0.83***		
	(-5.89)		
MPL×1960年代ダミー	-0.66***		
	(-5.48)		
MPL×1970年代ダミー	-0.81***		
	(-6.72)		
lnGY	0.17**		
	(2.27)		
年ダミー	yes	yes	yes
定数項	yes	yes	yes
P値（Hansen検定）	0.17	0.84	0.51
P値（AR(3)）	0.38	0.37	0.37
操作変数の数	164	52	73
観測値数	4258	4330	4258

（ ）内は t 値を表し，*** は 1% 水準，** は 5% 水準で有意であることを示す。

強く個別企業が獲得する流動資金の多寡に影響を与えていた。先に述べたように先行研究の記述には，主として企業パフォーマンスは利潤を指標とすることが述べられていた。したがって我々の推定結果は完全に先行研究での記述をサポートするものではない。但し，上述したように計画経済下における「利潤」は政府が統制する価格水準やその変動の影響を受けているため，特に本章で行ったような一企業内での利潤の変動と獲得する流動資金の増減との関係を分析する場合，純粋な企業パフォーマンスを反映しているとは言いがたい。これに対して生産性はデータの実質化も含めた計測手続きからそうした価格変動の影響が除去されているため，より純粋な企業パフォーマンスを表していると考えられる。したがって，計画経済システムのような経済学が想定する市場経済と異なる制度の下で，制度の異質性をより排除できる生産性の方が強く企業の流動資金獲得に影響を与えていたことは，より純粋な企業パフォーマンスが評価されていたことを意味し，政府の方針である「企業パフォーマンスのよさに応じた流動資金の優先的配分」は，結果としてより効率的に行えていたとみることができよう。そして，我々の推定結果も利潤と生産性との推定結果における相違はあるとはいえ，先行研究の見解を大まかにはサポートするものであるといえよう。

　以上の推定結果を踏まえて，企業は流動資金獲得のために生産性を上げるという行動を採っており，その意味で当時においても流動資金の獲得という限定的ではあるが一定のインセンティブ付与がみられ，企業にも自主性を発揮する余地は当時にもあったと評価できる。但し，先にも述べたように，このインセンティブは市場経済下の企業に与えられたそれと決して同様のものではないことには注意すべきである。ここで示唆された企業のインセンティブの背後には，あくまで自身を管轄する地方政府或いは中央政府の存在や意向があり，短期，長期いずれにしろ企業自身の将来性を自ら考慮して発揮されるインセンティブでは必ずしもない。したがって企業と政府とのある種の契約関係の中で生じた自主性，或いは，そうした政府との契約関係の中から生じたインセンティブから

補　論　資金の優先配分の方針と企業パフォーマンス

発生した自主性と捉える方が妥当であろう。

5　おわりに

　補論の内容は以下のようにまとめられる。
　第一に，企業の生産性は利潤率よりも強く資金獲得，特に流動資金の獲得に影響を与えることが見出された。企業の生産性が上昇すると当該企業はより多くの流動資金を獲得できる。この結果は先行研究で言及されている，計画経済期の1970年代に方針として出される軽工業企業等に対する流動資金の配分方式，即ちより高いパフォーマンスを実現した企業に対して流動資金を優先的に配分するという方針と整合的である。資源・資金が不足していた当時において，企業パフォーマンスを基準として資金配分を行っていたということは，それが市場経済下のそれとは異なる限定的なものであるとしても，配分メカニズムに一種の合理性を持ちえており，またその合理性を実現しえていたことを示している。
　第二に，この生産性という企業パフォーマンスの向上が流動資金量の増加につながるという結果より，計画経済下においても生産性にみる企業パフォーマンスの向上に対する何らかのインセンティブが企業に付与されていたといえよう。そして，「はじめに」で言及したいくつかの計画実行が困難なときに生産をあきらめないという議論を踏まえると，企業はやはり生産の継続を志向しており，それを背景として流動資金の優先配分という方針が企業にパフォーマンス向上を動機付けたと考えられる。
　第三に，ここで，利潤ではなく生産性の方が流動資金獲得により強く影響するという計測結果を重視していく。なぜなら計画経済システム下の場合には，利潤は政府の統制下にある価格の変動等の影響を受けるため，価格の影響を除去して計測される生産性よりも政府の統制の影響を受けている。したがってその様な統制の影響を受けた利潤率の高さの意

107

味は必ずしも企業パフォーマンスのよさのみに限定されない。したがって本章の結果は，より純粋に企業自身のパフォーマンスを評価して流動資金の配分がおこなわれており，結果的により合理的な流動資金配分が出来ていたことを示している。

第四に，但し企業が流動資金獲得に関連して生産性に見られるようなパフォーマンス向上に対するインセンティブを持つことは，マーケットメカニズムにおける企業の decision making for their own behavior（自己の行動の決定）と同義ではない。計画経済下での企業インセンティブは，自分自身で企業の将来を展望しつつ日々の操業を行うというような，長期的視野を持つことを意味しないであろう。それはあくまでも自身を管轄する政府，或いは中央政府との一種の契約関係を基盤として企業が自己を規律するものであったと考えられる[10]。

計画経済システムでは，政府の指導（コントロール）下で企業は行動する。そのため企業に付与されるインセンティブも市場経済下の企業のそれとは異なり限定的で狭いものであろう。但しそのような限定的なインセンティブの付与であっても，そして計画経済システム下の企業であっても，なんらかの背景や条件があれば企業パフォーマンス向上に対するインセンティブを持ちえることが示唆され，そしてそれはその後における経済改革・市場経済化の実施を考えるとき，市場経済により適合的な志向と経験を計画経済期において中国企業は持ちえたことを物語っており，この意味で初期段階の経済改革を実施する際に好条件を備えていたことがここからうかがえる。

---

10) 但しこの企業と政府との関係についてはここでの分析によって直接観察されたわけではない。あくまでも補論における分析結果と先行研究等での議論内容を踏まえた考察結果である。この点は今後の作業仮説，更には検証仮説として分析に取り組む必要がある。

第4章 計画経済システム下の非効率性問題
──「限界」の所在

1 計画経済システムの限界とは ── 本章の目的

　前章までは計画経済期中国の様相の解明を行ったが，本章では，それらの分析を踏まえつつ改革開放政策導入の意義について考察する。つまり，計画経済，改革開放をいずれも経済発展戦略として捉え，経済発展にとってそれぞれの戦略がどのような役割を持ったのか，戦略の転換はどのような意味を持つのかを考える。この点に関連して例えば大西 (2003) は，中国の改革開放を蓄積方式の転換として捉え，世界各国に共通してみられる経済発展戦略の展開の一形態であるとする。

　改革開放の意義を，改革開放後の経済的成果によって論ずる先行研究は極めて多いが，その一方で Weeks and Yao (2003)，Wang and Yao (2003) 等のように計画経済期と改革開放期を含む中国長期データを用い，両期間を通じた中国の長期経済発展を分析したものもある。このような先行研究の流れの中で本章の特徴を述べるならば，それは計画経済期中国が改革開放へのステップとの関連においてどのような意味を持つのかに着目しながら計画経済期を考察する点であるといえよう。

　こうした視点は，中兼 (2010) によってもその重要性が指摘されている。中兼 (2010) は，「過去からの推移の軌跡の上に現代を位置づけ，長期的視野の中で発展のメカニズムを明らかにする必要」性を指摘しており，当該国・地域の歴史的経緯を踏まえた経済発展メカニズムの解明が極め

て重要であり,有効であることを述べている[1]。

本章では,生産要素,特に流動資金の効率性に着目し,計画経済期から改革開放期へのステップと関連させつつ,改革開放政策の意義を計画経済期中国が持つ問題,限界の解決・克服という観点から実証的に検討していく。

以下の構成は次のとおりである。次節で計画経済期中国における主要な問題点の一つとして配分非効率性について先行研究の議論を踏まえながら整理し,計測結果を提示する。3節では,2節での議論を踏まえながら分析枠組みを提示し,4節で分析結果を述べる。そして最後に5節で結論を述べる。

2 技術効率性と配分効率性 ── 問題の本質

第1章でも議論したように,計画経済期中国での非効率的な生産については多くの指摘がある。その非効率性は,個別企業のレベルにおける技術進歩の停滞によるものなのか,それとも資源配分機能のまずさに起因するものなのか,ここでは技術非効率性と配分非効率性について検討してみよう。

以下に図4-1及び図4-2を示す。

図4-1及び図4-2は,それぞれ個別企業レベルマイクロデータと集計データを用いて計測された生産性の推移を示している[2]。図4-1は個別企業レベルにおける生産性推移を,図4-2は社会全体のマクロレベ

---

[1] そして計画経済期,更には民国期,清国期中国にまで遡って超長期的な歴史的視点から今日の中国経済発展をもたらした諸条件・諸要素の文脈的理解を試みている。

[2] ここでの生産性計測については,その方法,使用データは第2章において用いられたものと同様である。計測方法は本章末のAppendix 1を参照されたい。

第4章 計画経済システム下の非効率性問題

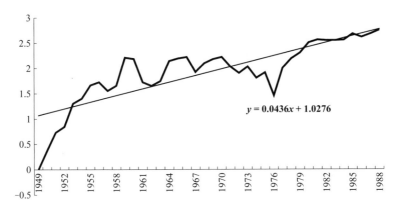

図4-1 個別企業マイクロレベルにみる生産性推移

出所：計測結果より筆者作成

ルにおける生産性推移を表している。折れ線グラフで示されたものが生産性の経年変化を表しており，直線で示されているものがそれらを線形近似したものである。

図4-1をみると，個別企業マイクロレベルでは，第2章でもみたように大躍進期や文化大革命の初期，後期における生産性の一時的な低下は生じるものの，その他の時期において上昇傾向が見られる[3]。特に第一次5カ年計画期と計画経済末期から改革開放初期の1970年代後半から1980年代にかけて強い上昇傾向が見られる。

一方，図4-2によれば，マクロレベルにおける生産性も，折れ線グラフの形状から見て大躍進期や文化大革命の初期，後期においては一時的に低下する。この点は先にみた図4-1と同様の傾向をもつが，その他の時期には生産性はほぼ横ばいである[4]。即ち，社会全体における生

---

3) 第2章では業種別にTFP推移を提示したが，ここでは，その区別をしていない。
4) 但し，第一次5カ年計画期である1953年から1957年にはやや上昇傾向が見られる。

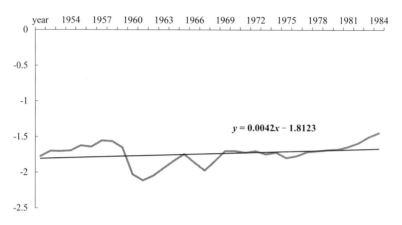

図4-2 マクロレベルにみる生産性推移
出所:『中国五十五年統計資料匯編』記載データを用いた計測結果より筆者作成

産性のレベルは計画経済期にはほとんど上昇していない。

つまり,個別企業のマイクロレベルにおいては,上述及び第2章や第3章でもみたように,生産性レベルの上昇が計測期間を通じて見られるのに対し,社会全体のマクロレベルにおいてはそれが見られない。これより計画経済期中国では,個別企業レベルにおいて技術進歩の停滞が生じているのではなく,個別企業間,生産主体間,即ち経済全体での資源配分の非効率性が生じていた可能性が高いといえよう。これより,計画経済期中国における生産の非効率性は,技術効率性ではなく配分効率性にその主たる問題が生じていたと考えられる[5]。

計画経済のもとでの資源配分システムの非効率性問題には多くの指摘

---

[5] 林他 (1997) が指摘するように,可能な限り速い経済発展の実現のためとして重工業優先戦略を採用することにより,マクロ経済政策からマイクロレベルの経済主体のインセンティブまで,すべてに影響,ひいては歪みが出てしまっており,資源配分においてもそれは同様である。ここでの計測結果は,この点を表現したものともいえよう。

がある。それらの指摘は，政府による計画に基づく資源配分が市場経済システムにおける資源配分に比べて非効率であることに加えて，第1章で議論されたような，企業間分業を行わず，生産工程のすべてを一生産組織内に抱え込むといった生産組織の形態そのものをはじめ，状況に適合的でない生産システムが配分非効率性を引き起こす可能性を示している。

村上（1999）は，この生産工程抱え込みという生産体制の非効率性を議論している。加工組立型産業を例にとり，最終製品に至るまでの多種多様な部品・中間製品を，最適規模を反映させ整合的に組み合わせることの難しさを挙げ，結果的に資本設備の過剰を引き起こすと述べている。このような議論は改革開放後の国営（有）企業改革の際の問題点として多くの先行研究により指摘されている[6]。

ここで，第2章で取り上げた丸川（2003）における議論を配分非効率性の観点から再検討してみよう。丸川（2003）は，このような計画経済システム下における一生産組織内への多工程抱え込みの背景と，そのために生じる非効率性の内容を論理的に説明していた。即ち，企業による部品や半製品の調達が市場経済に比べて非常に困難な計画経済システム下において，その困難を軽減するために多くの生産工程の企業内抱え込みが行われていた[7][8]。そしてその生産組織の非効率性の主たる要因として，あらゆる生産工程において必要な機械や設備の規模を当該生産工程に対する需要を最大限満たすレベルにまで拡大しがちである一方，現実

---

6) 多くの中国の文献が回顧する企業改革の一プロセスとして，特に小型国有企業の「整理」が行われたことにも，このような非効率性問題が関わっていると考えられる（例えば，呉；2004，上海財経大学課題組；2007）。

7) 一生産組織による生産の多工程抱え込みはフォード社にさかのぼるが，これが計画経済にフィットしたため計画経済システム下の多くの企業で採用されたという。

8) 先にも言及したが，溝端（1983）においてもソビエト連邦における製品の研究，企画，生産，完成に至るまでの工程や，これらにかかわるあらゆる業務が同一企業内で遂行される「万能型企業」の計画経済下における優位性についての議論が取り上げられており，中国のみならず他の移行国においても類似の議論が見られることが分かる。

には，最大限の需要を前提として準備されたすべての生産工程における機械設備の生産能力をフル活用するような需要は滅多に生じないため，稼働率の低下，遊休設備の発生に結果することを挙げていた[9]。

　この丸川（2003）による計画経済期中国における生産組織や生産システムの非効率性を巡る議論は，第1章で取り上げたようなマイクロレベルでの生産組織や生産システムの非合理性のみに終始するものではなく，個別生産組織における生産工程抱え込みの結果，社会全体での資源配分にも非効率性問題が生じるという意味で，配分非効率性の問題とも密接にかかわる[10]。そして上記の図4-1及び図4-2の個別マイクロレベルとマクロレベルの生産性に関する統計的観察事実は，丸川（2003）等の指摘に対する統計的な裏付けの一つとみなすこともできる。

　では次に，上記の計測結果や議論に見られる計画経済期中国における配分非効率性の存在，及び改革開放政策への転換によるその変化の有無をみていくことにする。

3　配分非効率性改善の論点 ── 分析枠組

　上述した配分非効率性について，計画経済期から改革開放期にかけて軽減或いは解消はみられたのか否か，以下のようなフレームワークを用

---

[9]　但し，丸川（2003）では中国自動車産業を例に挙げ，企業の主要部品については外注するケースも多かったことも同時に指摘されている。その一方で主要部品以外の細かい部品ほど内製化されていたという。このような特徴を指して工程間の分業が未発達で，企業がいろいろな生産工程を抱えている，と表している。

[10]　丸川（2003）が指摘する個別生産組織への生産工程抱え込みの生産システムの存在や，第1章での議論を踏まえたとしても，社会全体における可能な限りの資源配分における効率性改善は，計画経済システムにおいても目指されるべきであり，また実際にどうであったかは実証分析をもとに評価されるべきであろう。

いて分析を試みる。

3.1 経済改革による企業再編・淘汰

まず，改革開放後，社会全体の配分効率性上昇のために技術効率性が相対的に高い企業が存続・発展するような仕組みが作られたのか否かを分析する。

ここで，改革開放以降実施された国営（有）企業改革を振り返ってみよう。

多くの先行研究によって明らかにされているが，国有企業改革の最初の段階では企業への経営に関わるいくつかの事項について自主権が付与されるという限定的な改革が行われるものの，次第に企業の再編が盛ん実施されるようになる。その過程では企業の吸収，合併，閉鎖，更には売却が行われていく。

では，このような企業改革がもたらした再編はどのような企業を存続させ，どのような企業を退出させた，即ち淘汰したのであろうか。ここでもし，改革による再編が，技術効率性（生産性）が高い企業を市場に残し，技術効率性が低い企業を市場から退出させるような結果をもたらしたのであれば，計画経済期に抱えていた配分非効率性問題を，当該の改革により企業再編の側面から軽減したと捉える事が出来よう。

そこで，改革開放期に入って開始された企業改革の流れの中で行われた国有企業の合併，買収（，閉鎖）等による再編によって，技術効率性の側面でどのような企業が淘汰されていったのかを分析する。

そのために，以下のような実証モデルを設定し推定する。

$$\ln GY_{it} = \alpha_i + \sum \alpha_p \times D_{plan} + \sum \alpha_{age} \times age_{it} + \sum \alpha_{buy} \times D_{buy,it}$$
$$+ \sum \alpha_{bought} \times D_{bought,it} + \sum \alpha_{in} \times D_{in,it} + \sum \alpha_{out} \times D_{out,it}$$
$$+ \sum \beta_{KD}(\ln K_{it} \times D_m) + \sum \beta_{LD}(\ln L_{it} \times D_m)$$
$$+ \sum \beta_{WCD}(\ln WK_{it} \times D_m) + e_{it} \tag{1}$$

ここで従属変数 lnGY は（各企業の）工業粗生産額，各生産要素を表す ln$K$ は固定資産取得原価（原値）対数値，ln$L$ は従業員数対数値，lnWK 流動資金対数値である。i は企業インデックスナンバー，t は年インデックスナンバー，m は業種インデックスナンバーである。D はダミー変数の表記として使用される。そして D_{plan} は当該計画経済期に 1，そうでない時期は 0 のダミー変数，age は企業の操業年数，D_{buy} は改革開放期[11]に他企業を買収した企業の買収前 3 ヶ年を 1 とし，それ以外のケースを 0 とするダミー変数，D_{bought} は改革開放期に他企業に買収された企業の被買収前 3 ヶ年を 1，それ以外のケースを 0 とするダミー変数，D_{in} は改革開放期に参入する企業の参入後 3 ヶ年を 1，それ以外のケースを 0 とするダミー変数，D_{out} は改革開放期に閉鎖，倒産する企業の閉鎖，倒産前 3 ヶ年を 1，それ以外のケースを 0 とするダミー変数である。α_i, α_p, α_{age}, α_{buy}, α_{bought}, α_{in}, α_{out}, β_{KD}, β_{LD}, β_{WKD} はパラメータであり，e_{it} は残差である。この実証モデルを固定効果モデルを仮定してパネル推定する。

推定に際して，我々は特に D_{buy}, D_{bought}, D_{in}, D_{out} の係数推定値の符号に注目する。これらの変数の係数推定値の符号がプラスであれば，改革開放期における国有企業改革による企業の合併・買収・閉鎖（企業再編）でそれぞれのダミー変数が示す変化が生じる企業において，変化が生じる前，または後における技術効率性が相対的に高いことを示し，逆にそれがマイナスであれば，改革開放期の企業再編でそれぞれのダミー変数が示す変化が生じる企業で，変化が生じる前，または後における技術効率性が相対的に低いことを示す。

そして，改革開放後に買収の対象となる，或いは閉鎖となる企業のそれ以前における技術効率性が相対的に低い，或いは改革開放後に他企業

---

[11] 主として 1980 年代を指す。改革開放期に閉鎖する企業についても，同様に 1980 年代という改革開放初期にそのイベントが発生する企業を本データでは扱っている。

を買収する企業の買収前における技術効率性が相対的に高ければ，企業再編は技術効率性が低い企業を淘汰し，その結果社会全体の生産性レベルを押し上げる効果を持っていたといえる。つまり上述の推定から，改革開放期における企業再編の，企業淘汰による社会（地域）全体の配分効率性への影響が分かる。

3.2 個別企業間の資金配分効率性

第二に，改革開放への転換が個別企業間の配分効率性に与える影響を，流動資金に注目して分析する。具体的には，流動資金の限界生産性の個別企業間での平均及び変動係数を計測しその推移を見る。

社会全体から見れば，各生産要素についてその限界生産性の企業間格差の大きさは，資源配分の偏りの大きさを示す。例えば，生産要素の限界生産性の差が個別企業間で大きければ，配分効率性の観点からは限界生産性が相対的に低い企業から高い企業へ当該生産要素を再配分することにより，社会全体の資源配分，ここでは（流動）資金に関する配分効率性が改善される。この意味で限界生産性の格差の大きさは，その後の社会全体の配分効率性改善の可能性を示すし，その格差が小さければ配分非効率性が改善した可能性を示唆する[12]。

---

12) これは，初歩的なミクロ経済学の原理が想定する理想状態ではあるものの，実際の世界においては，企業の参入や退出（淘汰）が常に行われるため，上述のような想定は実現可能性が低く現実的とは言えない。但し，我々が注目する計画経済システムにおいては，企業の参入や退出（淘汰）が極めて限定的であり，特に退出（淘汰）については，多くの先行研究が指摘するようにほとんど行われなかったため，このような初歩的ミクロ経済学の原理が想定する理想状態への前提条件が相当程度成立していたと考えられる。そして，上述のような資金配分の効率性改善が現実的にも政策目標となると考えられる。換言すれば，個別生産組織への生産工程抱え込み，及び最大限の需要への対応が行われるような生産システムを前提とし，一方で需要が十分に見込まれず設備稼働率の問題がクローズアップされる状況において，効率的な資源配分が目指されるとすると，それは個別企業間の稼働率均

そして流動資金についていえば，その限界生産性レベルは，個別企業の生産においては追加的な流動資金の生産に対する貢献度，或いは生産規活動のための流動資金の充足度を測るものである。即ち，流動資金が十分に保有されている場合，流動資金の限界生産性は低い，或いは低下する傾向にあるであろう。

　そして，流動資金面において配分効率性が改善される傾向にある，もしくは配分効率性が高いレベルにあれば，先述のように個別企業間で流動資金の生産に対する限界的貢献の差は小さいはずであり，逆は逆である。このため，流動資金の限界生産性の個別企業間格差が大きい，或いはその格差が拡大する場合は，流動資金が一部の企業に偏在する傾向を示す。一方で，その格差が小さい，もしくは縮小する場合は，社会全体の流動資金の配分効率性が改善される傾向にあることを示すと考えられる[13]。

　尚，市場経済化に伴う企業の参入・退出（淘汰）による社会全体の配分効率性改善が実現されるためには，その前段階である計画経済期において，制度的に限界はあったとしても，その条件下で効率的資源配分が

　　等化が次善の目指されるべき目標であると考えられる。そして，このような生産システムの下では，稼働率均等化の意味するところは，個別企業間における限界生産性の均等化であろう。

13）　企業の参入や退出（淘汰）が頻繁に生じる市場経済においては，ある一時点で生産要素の限界生産性に企業間格差がある，もしくは生じるのは必ずしも非効率な資源配分を表しているわけではない。なぜなら，より高い技術効率性を持った企業が参入し，そこへ生産要素が移動しつつある一時点だけをとってみれば，そのような高い技術効率性を持つ新規参入企業の生産要素の限界生産性はまだ高い水準にある，ということは頻繁に起こりうるはずだからである。一方，市場の中で淘汰候補となるはずの技術効率性が低い企業は，そこから生産要素がまだ十分撤退していない段階にある場合，その技術効率性の低さによって生産要素の限界生産性も当然低くなる可能性がある。そのため，企業の参入や退出（淘汰）が頻繁に起こる状況下にある市場経済システム下においては，ある時点における生産要素の限界生産性に企業間格差が存在することは，資源配分の非効率性を必ずしも意味しない。

一定程度実現されている必要があろう。なぜなら唐突な新制度導入は失敗のリスクがより高いことが経済改革を実施した各国の経験から示されているためである。

以上を踏まえ，計画経済期から改革開放期にかけての流動資金の限界生産性における個別企業間格差の動向分析により，改革開放への転換が流動資金の配分効率性にどのような影響を与えたのかを考察する。具体的には個別企業の流動資金の限界生産性を計測し[14]，その変動係数の値の推移をみる。

4 配分非効率性改善への準備── 分析結果

上記2つのフレームワークによる分析結果を提示する。

表4-1は推定式（3）の推定結果を示したものである[15]。ここでは見やすさのため，上記の実証モデルにおけるダミー変数 D_{buy}, D_{bought}, D_{in}, D_{out} 等を，例えば Buy Dummy, Bought Dummy, In Dummy（参入 Dummy），Out Dummy（退出 Dummy）と表記している。

ここで特に注目するのは，Buy Dummy, Bought Dummy, 退出 Dummy の係数推定値の符号及び統計的有意性である。これらのダミーの係数推定値の符号がプラスであれば，当該ダミー変数に該当する企業の当該期間における技術効率性が該当しない企業のそれより高いことを，マイナスであればその逆であることを示す。

まず，Bought Dummy の係数推定値を見てみよう。この変数は，Buy Dummy の場合とは逆に，改革開放後に他企業に吸収・合併されること

---

14) 限界生産性の計測方法は本章末の Appendix 2 を参照されたい。
15) 使用データは南昌市軽工業国営企業マイクロデータである。その記述統計は第2章の補表2に示されている。

表4-1 改革開放後に参入，退出，合併する企業とその他の企業の技術効率性比較

従属変数：*LGY*，固定効果モデル

LL	0.44***	0.44**
	(7.00)	(6.96)
LK	0.06	0.09**
	(1.88)	(3.06)
LWC	0.17**	0.19**
	(5.33)	(5.82)
復興期ダミー	0.16	-1.43**
	(0.41)	(-6.01)
第1次5カ年計画ダミー	0.76	-0.68**
	(2.35)	(-4.06)
第2次5カ年計画ダミー	0.72**	-0.52**
	(2.75)	(-4.68)
調整期ダミー	0.63**	-0.41**
	(2.84)	(-3.86)
第3次5カ年計画ダミー	0.50**	-0.33**
	(2.86)	(-4.34)
第4次5カ年計画ダミー	-0.01	-0.57**
	(-0.09)	(-9.20)
第5次5カ年計画ダミー	-0.17	-0.46**
	(-2.35)	(-8.18)
第6次5カ年計画ダミー	-0.15	0.05
	(-2.11)	(0.79)
age	0.06**	
	(5.17)	
Buy Dummy	0.003	
	(0.01)	
Bought Dummy	-0.84**	
	(-3.88)	
In Dummy		-0.14
		(-1.83)
Out Dummy		-0.46**
		(-3.36)
観測値数	728	728
企業数	55	55
R^2	0.93	0.93
修正済み R^2	0.92	0.92

( ) 内はt値を表し，*** は1％水準，** は5％水準で有意であることを示す。

になる企業の，吸収・合併前の3年間における技術効率性の他の企業の同時期のそれに対する差を示している。ここで，この係数推定値はマイナスであり且つ統計的に有意である。つまり，改革開放後に他企業に吸収・合併されることになる企業のその直前3年間における技術効率性は，他の企業のそれに対して統計的に有意に低いといえる。即ち，技術効率性が相対的に低い企業が企業改革の際に他企業から吸収・合併された，ということが分かる。

続いて，*Out Dummy* の係数推定値を見てみよう。この変数は，改革開放後に閉鎖することになる企業の，閉鎖前3年間における技術効率性の他の企業のそれに対する差を示している。ここで，この係数推定値はマイナスであり且つ統計的に有意である。つまり，改革開放後に閉鎖することになる企業のその直前3年間における技術効率性は，他の企業のそれに対して統計的に有意に低いといえる。即ち，技術効率性が相対的に低い企業が企業改革によって閉鎖に追い込まれたことが分かる。

以上の推定結果より，企業改革による国有企業の再編は，技術効率性が被吸収・合併企業よりも相対的に高い企業による他企業の吸収・合併が行われ，逆に技術効率性が相対的に低い企業は他企業に吸収合併されるか，閉鎖に追い込まれる，という結果をもたらしている。つまり，技術効率性が高い企業を市場に残し，逆に技術効率性が低い企業を淘汰している。これは，計画経済期においては困難な改革であろう。

そして改革開放への転換は技術効率性が低い企業の淘汰の開始による経済全体の配分効率性の上昇をもたらした可能性が高い。これより，企業の淘汰という点で配分非効率性改善を可能にする制度形成がなされたという点において改革開放政策の意義があるといえよう。

次に，流動資金の限界生産性に注目しながら，計画経済期における資源の効率的配分が改善されていたかをみていく。上述したようにその限界生産性の平均の推移は，流動資金の平均的充足率を示すと考えられ，また限界生産性の格差は資源配分の偏りを示すものである。以下ではまず，流動資金の限界生産性について，個別企業の平均がどのように推移

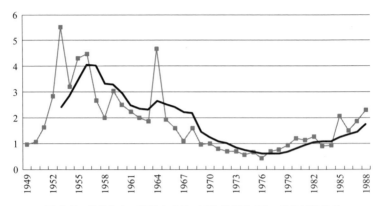

図 4-3 流動資金の限界生産性の平均推移及びその移動平均推移
出所：計測結果より筆者作成

しているかを見てみよう。

図4-3は，流動資金の限界生産性の平均についてその経年変化の傾向を表したものである。図4-3中の2本の線のうち，各年のレベルを示す点をつないだ折れ線グラフが毎年の平均の推移を示しており，太線はその4カ年移動平均の推移を示す。

図4-3を見ると，計画経済期において流動資金の限界生産性はいくつかの時期に変動はあるものの，大まかな傾向として下降傾向にある。つまり，流動資金の充足度は計画経済期を通じて次第に高まっていることが分かる。

続いて図4-4を見てみよう。

図4-4は流動資金の限界生産性について個別企業間の格差を表す変動係数の経年変化を示したものである。図4-4中の2本の線のうち，各年のレベルを示す点をつないだ折れ線グラフが毎年の変動係数の推移を示しており，太線はその4カ年移動平均の推移を示す。

ここで流動資金の限界生産性の変動係数についても，いくつかの時期における変動は見られるものの，計画経済期を通じて低下傾向にあるこ

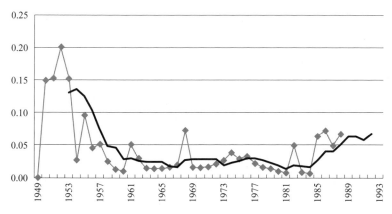

図 4-4 資金の限界生産性の変動係数推移及びその移動平均推移
出所：計測結果より筆者作成

とが見て取れる。ここで，上述した企業の参入・退出（淘汰）が極めて限定的である計画経済期における資源配分の効率性の観点から考えると，計画経済期中国においては，当該時期を通じてその配分は均等化されており，この意味で流動資金の配分効率性は改善される傾向にあったことがうかがえる。

一方，1980年代中盤に入って以降，変動係数の数値は再び上昇傾向となる。これは，国有企業改革の開始により企業の淘汰が進む一方，新たな企業も参入していることを反映し，流動資金の配分に変化が生じていること，具体的には，経済改革の開始によって企業の淘汰が開始していることを示しているといえよう[16]。

---

16) 使用データ中，1980年代に入って閉鎖や他企業による吸収合併等によってデータに表れなくなる企業の流動資金量については，その直前までその他企業との有意な差は現れない。一方で，先の計測結果で見たように，生産性については，1980年代に入って閉鎖や被吸収等によってデータに表れなくなる企業の直前の生産性は，その他の企業のそれと比較して有意に低い。これより，この計測結果が生産性が低い企業の市場からの退出（淘汰）の開始を示すことが分かる。

以上をまとめると，計画経済期を通じて流動資金の配分効率性の上昇がみられた。そして，改革開放期に入った後，技術効率性が低い企業への資金配分が行われなくなった結果，個別企業間の流動資金の限界生産性格差にも上昇がみられる。これは，改革開放期に入って企業の吸収・合併が国有企業改革の一環として行われるようになった際，政治的意図や規模，資源の極端な不足等の別の要因に基づかず，技術効率性が相対的に低い企業を市場から退出（淘汰）できたことに，計画経済期における流動資金の配分効率性改善がある程度実現されていたことが貢献したことを含意しており，上述で見たような企業の淘汰に向かうプロセスの一環とも捉えられる。即ち改革開放への転換の成果が，低レベルの技術効率性しか持たない企業の淘汰の開始による経済全体の配分効率性の上昇を可能にした点にあることを示しており，これを可能にするメカニズム及び制度導入という点に改革開放政策の意義があるといえよう。

5 まとめ

本章では，以下の諸点が解明された。

第一に，計画経済期中国全体における生産の非効率性や技術進歩の停滞は，個別企業のレベルでの技術進歩の停滞に帰着するというよりも，むしろ個別企業間，即ち経済全体での資源配分の非効率性により生じていた可能性が高い。

第二に，計画経済期に技術効率性が相対的に低かった企業は，改革開放が開始されると，他企業への吸収合併や閉鎖などにより市場から淘汰された。そして，このような改革開放政策のもとで初めて可能になった企業淘汰は，経済全体の資源配分効率性の上昇をもたらした可能性が高い。

第三に，計画経済期において流動資金の限界生産性の個別企業間格差

は次第に縮小し，流動資金配分の効率性は改善されていった。そして，改革開放政策開始後，技術効率性が低い企業への資金配分が行われなくなった結果，流動資金の限界生産性の個別企業間格差は上昇した。このように計画経済期において流動資金の配分効率性改善がある程度実現していたことは，改革開放期に技術効率性が相対的に低い企業を市場から退出（淘汰）させるメカニズム及び制度導入をスムーズに行う現実上の前提条件を提供したと考えられる。

これらの知見は，改革開放政策の意義が，資金面からみれば，経済全体の資源配分効率性の改善，及びこれを可能にするメカニズム及び制度導入にあったことを示している。

但し，改革開放政策は，当然ながら資源配分機能意外にも大きな変化を中国経済にもたらした。この変化に耐えうる力が当時の中国企業（経済）になければ，改革開放政策は必ずしもうまくいかなかったであろう。そこで次章では，そのような力を当時の中国企業（経済）が持っていたのか否かについて考察していく。

Appendix 1 〈生産性の計測〉

図4-1及び図4-2の生産性は以下のコブ・ダグラス型生産関数モデルの推定から算出された残差を用いている。

a. マクロデータを用いた生産性の計測

社会全体の生産性についての計測は，下記の推定式 (2) の推定により算出された残差を用いる。

$$\ln Y_{it} = \alpha_i + \beta_K \ln K_{it} + \beta_L \ln L_{it} + e_{it} \tag{2}$$

ここで，lnYは付加価値額対数値を，lnKは固定資産取得原価の対数値を，lnLは従業員数の対数値を表す。またiは産業インデックスナンバーを，tは年インデックスナンバーを表す。固定効果モデルによる推定を行う。先に述べたようにこの推定結果の残差を生産性とし，その各年における全産業平均の推移を図4-1は示している。

b. 個別企業マイクロデータを用いた生産性の計測

個別企業の生産性についての計測は，下記の推定式 (3) の推定により算出された残差を用いる。

$$\ln Y_{it} = \alpha_i + \sum \beta_{KD} (\ln K_{it} \times D_m) + \sum \beta_{LD} (\ln L_{it} \times D_m) + e_{it} \qquad (3)$$

ここで，lnYは，付加価値額対数値を，lnKは固定資産取得原価対数値を，lnLは従業員数対数値を表す。またiは企業インデックスナンバーを，mは産業インデックスナンバーを表し，tは年インデックスナンバーを表す。Dはダミー変数で，D_mは第m番目の産業ダミーを表す。

推定には固定効果モデルを用いる。先に述べたようにこの推定結果の残差を生産性とし，その各年における全企業平均の推移を図2は示している。

Appendix 2 〈流動資金の限界生産性〉

流動資金の限界生産性は下記の推定式 (4) に示される生産関数の推定結果を用いて計測される。

$$\begin{aligned}\ln GY_{it} = &\alpha_i + \sum \beta_{KD}(\ln K_{it} \times D_m) + \sum \beta_{LD}(\ln L_{it} \times D_m) \\ &+ \sum \beta_{WKD}(\ln WK_{it} \times D_m) + e_{it}\end{aligned} \qquad (4)$$

第4章　計画経済システム下の非効率性問題

　ここで，$\ln GL$ は粗生産額対数値を，$\ln K$ は固定資産取得原価対数値を，$\ln L$ は従業員数の対数値を，$\ln WK$ は流動資金額の対数値を表す。また i は企業インデックスナンバーを，m は産業インデックスナンバーを表し，t は年インデックスナンバーを表す。D はダミー変数で，D_m は第 m 番目の産業ダミーを表す。α_i は個別効果項を，β_{KD}, β_{LD}, β_{WKD} は推定すべきパラメータを，e は残差を表す。

　ここでも固定効果モデルによる推定を行う。そして，パラメータの推定結果を用いて流動資金の限界生産性を以下の計測により算出する。

$$MPWK_{it} = \beta_{WKD} \times \frac{GY_{it}}{WK_{it}} \tag{5}$$

　ここで $MPWK$ は流動資金の限界生産性を示す。

第5章 改革開放へのステップ
── 市場競争への「耐性」の形成

1 経済システム転換の準備は出来ていたか？
── 本章の目的

　前章では計画経済期における配分非効率性に注目し，改革開放政策の意義として計画経済期にその実現が困難であった配分効率性の改善，その一環としての低効率企業の淘汰メカニズムの構築を挙げた。本章でも，改革開放へのステップとの関連において計画経済期中国の状況の考察を引き続き行う。ここでは，改革開放初期における市場経済的要素の導入に向けて，計画経済期にどの程度それへの適応力，換言すれば市場競争への「耐性」が形成されていたのかを考察する。

　序章で中国の計画経済についてその「緩さ」や分権化への志向について言及したが，その一例として1960年代末から1970年代にかけては，中央から地方への権限移譲，そしてその撤回による再度の中央への権限集中といった動向がみられるようになっている。類似のことは他でも述べたが例えば固定資産投資について言えば，一部の投資プロジェクトを地方政府管轄，或いは地方政府と中央政府との共同管轄とする，或いは物資の分配・供給の権限を一定程度地方に移譲する，等が行われた[1]（鄒・

---

1) 1966年には中央が管理する物資は578種あったが，1972年にはそれが217種にまで減少し，その減少幅は60％以上という。但し1973年には再び612種が中

欧陽等，2009）。もし，このような中央と地方との間での権限移譲の実施によって，経済実態もそうした政策の変化に対応するような状況がみられたとしたら，改革開放政策，特にその初期に行われた経済改革における各種の権限移譲による経済発展の可能性を，その直前段階の1970年代に中国経済は持っていたことの示唆となる[2]。即ち，経済改革実施のタイミングや条件に関するインプリケーションを，この分析・考察から得ることが出来よう。本章では，生産技術に関する企業間の市場競争の実現可能性と資金のマクロ経済における効率的配分の2点に注目して分析を行う。具体的には以下のとおりである。

　生産技術については第2章で技術水準，及び技術進歩の特徴を分析した。本章では更にその技術が，市場経済化の過程で発生する企業間競争に耐性を持つ，或いは市場競争に適応できるようなものとなっているのか否かについて，生産関数の同次性係数の分析によって明らかにする。次に，市場経済導入による経済活性化・経済発展の可能性を，権限移譲による地域経済の自律的発展の可能性有無という視点から，資金の多寡と経済発展の関係に注目しながら検討する。上述の2点に注目する理由は，市場競争の展開，及び権限移譲による経済活性化・経済発展の実現可能性は，改革開放初期に行われた企業自主権の付与や地方の権限強化といった諸改革の成功可否と密接に関係するためである。

　改革開放政策及び市場経済化は各種の新制度導入を意味するが，円滑

　央管理となっている。また地方への権限移譲は資源の浪費を生み出すという指摘もみられる。

2）　1970年代に地方への権限移譲が再度中央に撤回される，という背景には，地方への権限で経済が過熱気味になるという状況が往々にして発生したため，という（鄒・欧陽等，2009）。これは，権限移譲に対して地方，具体的には地方政府と各企業が敏感に反応したことを示しており，権限移譲による個別企業や地方政府の行動力発揮の可能性を示唆していると捉えられる。そして同時にこれは，改革開放初期の1980年代における経済改革の手法，即ちマクロ経済の停滞や加熱に呼応して投資プロジェクトの認可－停止，或いは各種権限の移譲－その撤回といった形で推進される経済改革の前段階とも捉えられよう。

なその導入のためには，事前に一定の基盤が整っていることが重要となる。この点に関して中国について言えば，1980年代から1990年代初期に問題となった三角債，即ち債務不履行の連鎖の問題が新制度導入のための事前の基盤形成の重要性を示す好例となっている。

三角債問題は，如何に市場経済制度への経済主体の適応が困難であるかを物語っているだけでなく，諸制度間での改革の足並みがずれると円滑な改革実施は困難であること，換言すれば改革の準備がまだ十分に整っていない段階でその実施をしてもうまくいかないことを示している[3]。三角債問題は，大まかに言えば企業間での財の取引は企業改革の進展によって盛んに行われるようになる一方で，決済方式は依然として官僚機構の中で計画経済時代のそれを踏襲したために生じたと捉えられる。つまり，改革開放政策の実施，市場経済的要素の円滑な導入には，その前段階において一定の「準備」がなされている必要がある。そこで本章では，改革開放の導入に向けて適性をもつような状況が，特に計画経済期の終盤には出来上がっていたのかを上述した2点の検討を通じて考察する。

---

[3] 筆者らの聞き取り調査によれば，改革開放期に入って盛んになる企業間での市場取引において，三角債のような事態が発生したのは，各企業，もしくは個人が債務履行に対する意識が低い，或いは市場経済に適合した考え方や行動が採用されていない，という個別経済主体の意識に帰属する問題だけでなく，支払いが行われる際に利用される金融機関，及び支払いに関する制度が十分に発達していないために生じる支払い遅延が連鎖したことにも起因するという指摘がみられた。より具体的に言えば，製品の取引と支払いについて，計画経済時代と同様にそれらを管轄する行政担当部署が異なるために，往々にしてその手続きが煩雑になり，結果，製品は入手されたものの支払いは行われていない，という事態になり，それが結果として現象面では「（企業による）債務不履行の連鎖」に発展する，ということである。これは市場経済化が進む中で制度が未整備であったことに起因する事態である。このように，個別経済主体の市場経済への適応というだけでなく，市場経済に適合的な制度の円滑な導入はその必要性は十分認識されているものの，実現は難易度が高い。この意味でも計画経済から市場経済への移行，そしてそれへの適応の難しさがうかがえる。

以下ではトピックごとに節を分けて議論を展開する。次節及び3節で上述した2点に関する分析枠組や分析視点を説明し，分析結果を述べる。そして4節では補足的な分析を行い，5節で結論を述べる。

2 市場競争に向けた生産技術面における「環境」整備
—— 同次性係数の計測

2.1 生産関数推定結果を用いて —— 分析枠組

同次性は規模の経済性，不経済性を考える際に有用である。換言すれば，経済学の枠組みで標準的な経済学が想定するような生産技術の状態に近づいているのかどうかが分かる。

そこで再び，第2章で設定した以下の式を考える。

$$\ln GY = \alpha_i + \beta_K \ln K_{it} + \beta_L \ln L_{it} + \beta_M \ln M_{it} + \beta_T Time \\ + 1/2\beta_{KK}(\ln K_{it})^2 + 1/2\beta_{LL}(\ln L_{it})^2 + 1/2\beta_{MM}(\ln M_{it})^2 + 1/2\beta_{TT} Time^2 \\ + 1/2\beta_{KL} \ln K_{it} \ln L_{it} + 1/2\beta_{LM} \ln L_{it} \ln M_{it} + 1/2\beta_{KM} \ln K_{it} \ln M_{it} \\ + \beta_{KT} \ln K_{it} Time + \beta_{LT} \ln L_{it} Time + \beta_{MT} \ln M_{it} Time \quad (2章(2))$$

となる。ここで，$\ln GY$, $\ln K$, $\ln L$, $\ln M$ はそれぞれ工業粗生産額（GY），固定資産取得原価（原値）（K），従業員数（L），中間投入量（M）の対数値を表す。$Time$ は観察期間のタイムトレンドを示す。α_i は固定効果項，β_K, β_L, β_M, β_T, β_{KK}, β_{LL}, β_{MM}, β_{TT}, β_{KL}, β_{LM}, β_{KM}, β_{KT}, β_{LT}, β_{MT} はそれぞれパラメータを表す。

この（2章(2)）式に2章で言及した同次性条件を課すと，

$$\ln GY_{it} = \alpha_i + \beta_K \ln K_{it} + \beta_L \ln L_{it} + \beta_M \ln M_{it} + \beta_T Time \\ - 1/2\beta_{KL}(\ln K_{it} - \ln L_{it})^2 - 1/2\beta_{LM}(\ln L_{it} - \ln M_{it})^2$$

$$-1/2\beta_{KM}(\ln K_{it}-\ln M_{it})^2+1/2\beta_{TT}Time^2$$
$$+\beta_{KT}(\ln K_{it}-\ln M_{it})Time+\beta_{LT}(\ln L_{it}-\ln M_{it})Time \quad (1)$$

と書き換えられる。また，後の同次性係数の計測のために (1) 式におけるタイムトレンド (*Time*) を含む項以外に同次性を課すと，

$$\ln GY_{it} = \alpha_i + \beta_K \ln K_{it} + \beta_L \ln L_{it} + \beta_M \ln M_{it} + \beta_T Time$$
$$-1/2\beta_{KL}(\ln K_{it}-\ln L_{it})^2 - 1/2\beta_{LM}(\ln L_{it}-\ln M_{it})^2$$
$$-1/2\beta_{KM}(\ln K_{it}-\ln M_{it})^2 + 1/2\beta_{TT}Time^2 + \beta_{KT}\ln K_{it}Time$$
$$+\beta_{LT}\ln L_{it}Time + \beta_{MT}\ln M_{it}Time \quad (2)$$

となる。

また各 *Time* 時点での生産関数は，

$$n(Time) = \{\beta_K + \beta_L + \beta_M + (\beta_{KT} + \beta_{LT} + \beta_{MT})Time\}\ 次同次 \quad (3)$$

となる。*Time* は 1,……, 29 である。我々は第 2 章で行った推定結果から (3) を計測し，そのパラメータの年次変化の推移をみていく。具体的にはそれが増加する傾向にあるのか，減少傾向にあるのか，をチェックする。もし，この値が 1 に近くなる傾向をもっていれば，一次同次に近づいていることを表し，標準的な経済学が想定するような生産技術の状態に近づいているのかどうかが分かる。そしてそうであるならば，企業は市場での競争に適合的な生産技術の状態になることを意味する。即ち，市場での規模の経済性を持つことなく，完全競争に比較的近い形での市場競争の展開が可能となることを示唆する。この意味で，市場経済的要素の導入による経済発展の可能性が高まるといえよう。

2.2 「環境」は整っていたのか —— 分析結果

図 5-1 に同次性係数の計測結果を示す。

図 5-1 を見ると，同次性係数は，1952 年当時の 0.8 以下の状態から，

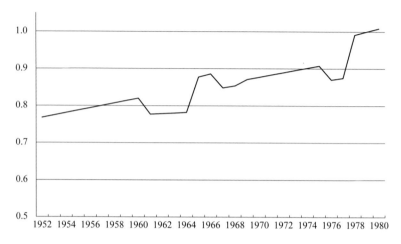

図 5-1 同次性係数推移
出所:計測結果より筆者作成

上昇傾向にある。但し，1960年代初頭の大躍進からの回復・調整期，及び1976年前後に一時的にやや落ち込む。しかし，1978年から1980年にかけて同次性係数は再び上昇し，約1に極めて接近している。この結果は，標準的な経済学が想定するような生産技術の状態に近づいており，企業は市場での競争に適合的な生産技術の状態に極めて接近していることを示している。即ち，企業間競争の展開等，市場経済的要素の導入による経済発展の可能性が次第に高まっていっており，特に1970年代後半にはその傾向は強くなっていることが分かる。以上より，生産技術の側面で，改革開放・市場経済的要素の導入に向けた「基礎・準備」は生産技術面において計画経済期の特に終盤期には，ある程度出来ていたといえよう。

3 配分非効率性の改善と経済成長,「景気」の出現

次に,資金の多寡と経済発展の関係をみることにより,権限移譲による地域経済の自律的発展の可能性有無を検討する。これは,当時の中国経済において資源の使用に関する現場の裁量権限の拡大による経済成長の実現という経路が本当に存在したのか否かの分析という意味で,改革開放へのステップが妥当なものであったかの検証である。

具体的に以下では,計画経済期中国の改革開放へのステップとの関連において,流動資金回転率と経済成長率との関係についてみていく。

3.1 資金の豊富さと経済発展 ── 分析枠組

$$GRPGrowthRate_{it} = \alpha_i + \beta_{YWK}\left(\frac{Y_{it}}{WK_{it}}\right)_{-1} + e_{it} \qquad (4)$$

ここで,$GRPGrowthRate$ は GRP,即ち域内生産額の成長率,換言すれば各地域の経済成長率を,Y は付加価値額を,WK は流動資金を表す。i は地域(省)インデックスナンバー,t は年インデックスナンバーを表す。そして α_i は個別効果項を,β_{YWK} は推定すべきパラメータを,e は残差を表す。我々は推定に際し,β_{YWK} の推定結果の符号と統計的有意性に注目する。

次に,改革開放後の資金効率性の高さと計画経済期におけるそれの関係を分析する。具体的には改革開放後の 1979 年から 2004 年における資金回転率が高い地域が,計画経済期においてはそのレベルはどうであったのかを分析する。

ここで以下の推定式を推定する。

$$\left(\frac{Y_{it}}{WK_{it}}\right)_{90s} = \alpha_i + \alpha_{50}((Y/WK)_{50s} \times D_{TOP50s}) + \alpha_{60}((Y/WK)_{60s} \times D_{TOP60s})$$
$$+ \alpha_{70}((Y/WK)_{70s} \times D_{TOP70s}) + \alpha_{80}((Y/WK)_{80s} \times D_{TOP80s})$$
$$+ e_{it} \qquad (5)$$

ここで,Yは付加価値額を,WKは流動資金を表し,$(Y/WK)_{90s}$は1990年から2004年の資金回転率を,$(Y/WK)_{50s}$は1950年代の資金回転率を表す。1960年代,1970年代,1980年代についても同様である。iは地域(省)インデックスナンバー,tは年インデックスナンバーを表す。そしてD_{TOP50s}は1950年代において資金回転率が相対的に高い地域(具体的には上位5位)を1,それ以外を0とするダミー変数である。つまりD_{TOP50s},D_{TOP60s},D_{TOP70s},D_{TOP80s}はそれぞれ1950年代,1960年代,1970年代,1980年代に資金回転率が相対的に高い地域について,各年代の期間(年)中資金回転率がトップ5位にランク入りした地域を1,それ以外を0とするダミー変数を表す。D_{TOP60s}は1960年代に資金回転率が相対的に高い地域を(具体的には上位5位)を1,それ以外を0とするダミー変数,D_{TOP70s}は1970年代に資金回転率が相対的に高い地域を(具体的には上位5位)を1,それ以外を0とするダミー変数,D_{TOP80s}は1980年代に資金回転率が相対的に高い地域を(具体的には上位5位)を1,それ以外を0とするダミー変数である。そして,α_iは個別効果項を,α_{50},α_{60},α_{70},α_{80}は推定すべきパラメータを,eは残差を表す。我々は推定に際し,α_{50},α_{60},α_{70},α_{80}の推定結果の符号と統計的有意性に注目する。

3.2 分析結果

表5-1は,1953年から1978年における一期前の資金回転率と当期の経済成長率の関係を示したものである。表5-1中におけるGDGRPはデフレートされた[4] 実質GRPで測られた各省の経済成長率を,GGRP

---

4) 1953年価格でデフレートしたものである。

表 5-1 一期前の資金回転率と経済成長率との関係 1953 年から 1978 年

従属変数	GGRP	GDGRP
	変量効果モデル	変量効果モデル
定数項	4.05***	4.00***
	(3.39)	(2.81)
$(Y/WK)_{-1}$	1.06***	0.85
	(2.63)	(1.70)
修正済み R^2	0.02	0.007
観測値数	264	262

( ) 内は t 値を表し，*** は 1%水準 ** 5%水準で有意であることを示す．

表 5-2 資金稼働率と各変数との関係 1953 年から 2004 年

従属変数	GGRP	GDGRP
	固定効果モデル	固定効果モデル
$(Y/WK)_{-1}$	2.62**	-1.69
	(2.49)	(-1.87)
修正済み R^2	0.04	0.01
観測値数	339	339

( ) 内は t 値を表し，*** は 1%水準 ** 5%水準で有意であることを示す．

はデフレートされない名目 GRP で計測された各省の経済成長率を表している．ここで，GDGRP，GGRP はともに従属変数であり，独立変数は一期前の資金稼働率である．使用されたデータは省別パネルデータであり，変量効果モデル或いは固定効果モデルによる推定を行う．

表 5-1 によれば，当該期のデフレートされない名目 GRP で計測された各省の経済成長率 GGRP と一期前の資金回転率との間に，統計的に有意な正の相関関係が見られる．即ち，一期前の資金回転率が高まると，当該期の経済成長率が高くなる，という関係が見られる．これは，資金配分の効率性と経済成長率との間には計画経済期においても強い関係があり，資金配分の効率性改善が経済成長率を上昇させるという関係が計

画経済期にも見られることを意味している。計測結果が当期の名目GRP成長率と一期前の資金回転率との間の正の相関関係をより強く示していることより，市場経済システム下であれば景気の上昇に伴う経済成長率の上昇と捉えられる状況が，計画経済期においても生じているとも捉えられる[5]。

表5-2[6]は，1953年から2004年における一期前の資金回転率と当期の経済成長率の関係を示したものである。つまり，分析期間を改革開放期にまで延長して表5-1と同様の分析を行ったものである。

表5-2によれば，表5-1と同様に当該期のデフレートされない名目GRPで計測された各省の経済成長率GGRPと一期前の資金回転率との間に，統計的に有意な正の相関関係が見られ，ここでも資金配分の効率性と経済成長率との間には改革開放に延長しても強い関係があり，資金配分の効率性改善が経済成長率を上昇させるという関係が見られることが分かる。但し，5%水準では統計的に有意ではないものの，デフレートされた実質GRPで計測された各省の経済成長率GDGRPと一期前の資金回転率との間に，負の相関関係が見られる[7]。これは流動資金にみる資金回転率が下がると実質経済成長率がむしろ上がることを示している。換言すれば，流動資金が充足し資金回転率がより低くなると実質成長率が上がる，ということを表しており，改革開放後に流動資金の充足度がそれまでよりも高まっていることを示唆するものと考えられる。

続いて，計画経済期における資金回転率が高い地域の改革開放後の経済パフォーマンスを見てみよう。

表5-3は，改革開放後の1990年から2004年における資金回転率が

---

[5]　この計画経済期に限定した回帰分析だけでなく，同様の推定式を用いた分析を計画経済期と改革開放期双方を含む時期についてもそれぞれ行った。その結果はここに示す分析結果と同様のものであった。

[6]　この推定式における変量効果モデルの妥当性は，ハウスマン検定によって棄却されたので，固定効果モデルの結果を示す。

[7]　5%水準では有意ではないが，10%水準では有意となる。

第5章 改革開放へのステップ

表5-3 改革開放後と計画経済期の資金回転率が高い地域の関係 1953年から2004年

従属変数：Y/WK, 変量効果モデル

従属変数	$(Y/WK)_{90s}$	$(Y/WK)_{90s}$	$(Y/WK)_{90s}$	$(Y/WK)_{90s}$
	変量効果モデル	変量効果モデル	変量効果モデル	変量効果モデル
定数項	1.74603***	1.63***	1.52***	1.51***
	(14.70)	(11.63)	(13.72)	(19.80)
$(Y/WK)_{50s} \times D_{TOP50s}$	0.018396			
	(0.08)			
$(Y/WK)_{60s} \times D_{TOP60s}$		0.24		
		(1.20)		
$(Y/WK)_{70s} \times D_{TOP70s}$			0.61***	
			(3.41)	
$(Y/WK)_{80s} \times D_{TOP80s}$				0.99***
				(6.35)
修正済み R^2	0.003	0.04	0.24	0.48
観測値数	313	313	313	313

( )内はt値を表し，*** は1％水準 ** 5％水準で有意であることを示す。

高い地域が，計画経済期においてはそのレベルはどうであったのかを分析したものである。つまり，改革開放前後における資金回転率の動向の地域的変化をみようというものである。

具体的には，計画経済期の1950年代，1960年代，1970年代，及び改革開放初期の1980年代それぞれの時期に，資金回転率が全国的に見て相対的に高い地域において，改革開放期中盤以降の1990年から2004年の資金回転率が相対的に高いか否かを計測している。つまりこれは，計画経済期及び改革開放初期と改革開放期中盤以降で資金の効率性が高い地域に変化は見られるのか否かを分析することにより，改革開放期へのステップが資金の配分効率性にとっていかなる意味を持っていたのかを考察するものである。

表5-3における変数 (Y/WK) は資金回転率を表し，$(Y/WK)_{50s} \times D_{TOP50s}$ は1950年代において資金回転率が相対的に高い地域のその当時の資金

回転率を表す。1960年代，1970年代，1980年代についても同様である。これらの諸変数に1990年から2004年のY/WKを回帰させることで分析を行った。

表5-3によれば，計画経済後期及び改革開放初期の1970年代，1980年代に資金回転率が相対的に高い地域において1990年代以降の資金回転率も高い。つまり，改革開放後，特に1990年代以降の本格的な市場経済化が大きく進んだ地域では，計画経済後期及び改革開放初期に当たるその直前に，既に資金回転率が高く資金利用の効率性が相対的に高かったことが分かる。これより，これらの地域においては市場経済化の直前時点に市場経済化に適合的なメカニズムがある程度形成されていたということがうかがえる[8]。

以上の分析結果より，流動資金効率性の側面から見て，計画経済後期には改革開放政策を進める基礎がすでに形成されていたとみることができよう。つまり，改革開放へのステップとの関連で言えば，当時の中国経済における配分効率性改善による経済成長の実現可能性をその前段階において持っていたと考えられる。

4 補足 ── 成長の核の変遷

ここでは補足的に，1950年代，1960年代，1970年代に経済成長率が相対的に高い地域はどこであるかをみておく。これは即ち，経済発展の中核の所在を把握するものである。

表5-4は，1950年代，1960年代，1970年代各年代における経済成

---

[8] 我々は，同じ回帰分析を1978年以前の計画経済期とそれ以降の改革開放期に区分したものについてもそれぞれ行った。その結果はここに示す分析結果と同様のものであった。

表5-4 各年代において経済成長率上位5位入り回数が多い地域

	1950年代	1960年代	1970年代	1980年代
1	浙江	寧夏	上海	江蘇
2	寧夏	吉林	山東	浙江
3	天津	雲南	黒竜江	山東
4	甘粛	天津	江蘇	広東
5	湖北	浙江	天津	上海
6	吉林	甘粛	広西	福建
7	雲南	内蒙古	浙江	安徽

出所:『新中国55年統計資料匯編』,『中国統計資料匯編1949-1989』,『中国統計年鑑』各年版,『中国統計摘要』各年版。

長率が相対的に高水準にある地域について高成長率の地域を上位からランク付けしたものである[9)10)]。1980年代には沿海地域の各省がトップ5位にランクインしている。改革開放期に入って成長が著しかった地域である沿海地域の各省に成長の核が集中しているが,それ以前の計画経済期はどうであっただろうか。

まず,1950年代の経済成長率トップ5位は,浙江省,寧夏自治区,天津市,甘粛省,湖北省で,沿海地域では浙江省,天津市の2省のみが5位までに入っている。1960年代には,経済成長率トップ5位は,寧夏自治区,吉林省,雲南省,天津市,浙江省となっており,1950年代と同じく,沿海地域では浙江省及び天津市が5位までに入っている。しかし,1950年代には1位であった浙江省が,1960年代には5位にまでランクダウンしている。即ち,1950年代は相対的に内陸地域ないしは

---

9) この成長率比較のための成長率の計測は,次のように行われた。即ち,まず,各省の各年の経済成長率を各省GRPデータを用いて計測し,その後に各省・各年の経済成長率について年代ごとに平均成長率を算出した。

10) この表は,改革開放期に入って経済発展が顕著になる江蘇省や浙江省,山東省といった沿海の地域が,計画経済期にはどのような水準にあったのかを知ることを目的としている。

改革開放期に経済発展が顕著となる地域以外のところが経済成長の核となっており，1960年代には，その傾向が更に強くなっていることが分かる。これは，三線建設による生産拠点の分散，国防の観点から内陸への生産拠点の配置等によって，沿海地域が経済成長の核から外れていることを示唆している。1970年代に入ると，経済成長率トップ5位の地域は，上海市，山東省，黒竜江省，江蘇省，天津市となり，5地域のうち4地域を沿海の地域が占めるようになる[11]。1970年代初頭には，海外からのプラント導入計画が推進される等の新たな政策も導入されてきている。そのような背景を踏まえ，経済成長の核が次第に経済成長の核が沿海地域に移って来ていることが分かる。

　以上より，計画経済期終盤には，改革開放後に著しい経済発展を見せることになる地域での経済成長が次第に高まってきており，沿海地域の経済発展に有利に働く改革開放政策の導入に対して，好条件を提供しているともいえよう。

5　まとめ

　本章の分析を通じて示された諸点は以下のようにまとめられよう。
　第一に，同次性係数は，1952年当時の0.8以下の状態から，基本的に上昇傾向にあった。そして，1978年から1980年にかけて同次性係数は，約1に極めて接近している。この結果は，企業は市場での競争に適合的な生産技術の状態に接近していることを示しており，市場経済的要素の導入による経済発展の可能性が次第に高まっていることを示唆している。特に1970年代後半にはその傾向は強くなっている。
　第二に，デフレートされない名目GRPで計測された各省の経済成長

---

11)　尚，表には現れないが，7位に浙江省，そして8位に広東省が入っている。

率 GGRP と一期前の資金回転率との間に，統計的に有意な正の相関関係が見られる。即ち，資金配分の効率性と経済成長率との間には計画経済期においても強い関係があることを意味する。また計測結果が当期の名目 GRP 成長率と一期前の資金回転率との間の正の相関関係をより強く示していることより，市場経済システム下であれば景気の上昇に伴う経済成長率の上昇と捉えられる現象が，計画経済期においても働いているとも捉えられる。

第三に，1970 年代，1980 年代に資金回転率が相対的に高い地域において 1990 年代以降の資金回転率も高いことが分かる。つまり，改革開放後，特に 1990 年代以降の本格的な市場経済化が大きく進んだ地域では，計画経済後期及び改革開放初期に当たるその直前に，既に資金回転率が高く資金利用の効率性が相対的に高かったことが分かる。即ち，これらの地域においては市場経済化の直前時点に市場経済化に適合的なメカニズムがある程度形成されていたということがうかがえる。

第四に，各年代において経済成長率が高い地域を見てみると，1950 年代，及び 1960 年代には，改革開放後に経済成長の拠点となる沿海地域は 2 省しかはいっておらず，相対的に内陸地域ないしは改革開放期に経済発展が顕著となる地域以外のところが経済成長の核となっていたが，1970 年代に入は，経済成長率トップ 5 位の地域のうち 4 地域までを沿海の地域が占めるようになる。また，7 位に浙江省がランクインしている。つまり，経済成長の核が次第に沿海地域に移って来ており，沿海地域に重点をおいた当初の改革開放政策の実施に好条件を提供している。

終　章 **中国計画経済研究がもたらすもの**
　　　　── 本書のまとめと今後の展望

1　本書のまとめ

　本書は生産と資源配分システムに焦点を当て，企業データ及び地域データを用いた中国の計画経済実態の実証的解明をおこなった。そして中国計画経済システムの長期的，即ち計画経済期から改革開放期にいたる経済発展の中での位置づけをし，経済改革の意義と計画経済の限界を明らかにした。

　本書が明らかにしたことは以下のとおりである。

　非効率的であると指摘される計画経済期中国の生産組織については，その具体的形態であるフルセット型生産システムのプレゼンスは一般的に認識されているよりも小さく，工業部門では分業型生産システムを志向する傾向を一定程度持っていた可能性が示唆される。また1950年代の中国においては，分業型生産システムの導入は生産性の観点から妥当な戦略であったといえるが，1960年代，1970年代にはその妥当性が消失している（1章）。

　当時の国営企業の生産性レベルとその経年推移及び技術進歩の特徴をマイクロレベルからみてみると，計画経済期の国営企業の生産性は，一時的な落ち込みがありながらも，全体としては上昇傾向にあったこと，当時の技術進歩の性質は労働使用的で，当時の中国の要素賦存状況に符合していることより，その後の改革開放期における軽工業発展に対して

技術面からの一定の基礎を築いていた (2章)。

　そして国営企業の行動様式に関する実証分析結果より，計画経済期の中国国営企業は過少雇用状態にあったこと，過少雇用の程度は投資の増加，価格指数，流動資金等の変動に依存していたことを見出した。これは，計画経済期の当時に管轄政府等による制限・制約があったとしても，企業は一定程度は企業運営に関する行動を現場レベルで決定していることを示しており，これより，市場経済とは異なるものの中国計画経済期の企業においても最適化行動が採られていたことが分かる (3章)。そして，補論において付随的な分析をおこない，当時の軽工業部門の企業が「流動資金の優先配分」の方針等により，市場経済のそれとは異なるものの流動資金獲得に向けた企業パフォーマンス向上にインセンティブを持っていたこと，その企業パフォーマンスについては，計画経済システムの下で相対的に政府の統制に影響される利潤ではなく，より純粋な企業パフォーマンスを示す生産性であったこと，が明らかになった。

　これらより，技術効率性の上昇は計画経済システム下においてもある程度実現可能であり，同時に技術効率性の維持・向上の実現は，経済改革，特に規制緩和による企業へのインセンティブ付与のような，改革開放期中国のはじめの段階でおこなわれた経済改革の重要な基盤となりうる。この点を踏まえると，他の途上国への経済改革・市場経済化導入成功のための提言として，その前段階における技術・生産面での基盤形成の重要性，そしてその基盤形成は，国家，政府の経済への介入下においても，経済主体に一定のインセンティブを付与しながら実現可能であることが挙げられる。

　続いて改革開放政策導入の意義という経済システム転換の観点から，経済改革実施のための基盤形成の，計画経済期時点での有無を検討した。そして中国における計画経済から改革開放政策導入の意義については，改革開放政策は企業淘汰をはじめとする経済全体の資源配分効率性の上昇をもたらした可能性が高いこと，計画経済期における資源配分の効率性のある程度の改善は，後の改革開放期に技術効率性が相対的に低い企

業を市場から退出(淘汰)させるメカニズム,及び制度導入をスムーズに行う現実上の前提条件を提供したことが示された。後者については,企業の最適生産規模が1980年に向けて次第に1に接近していることより,市場競争への耐性を企業が持ちつつあることが示唆された。また,資金回転と経済発展の間に顕著な関係が見られるようになっており,一種の景気循環のようなものが見て取れること,更に,改革開放後において経済発展の中心となる沿海地域に成長の中核が移動していること等の,経済改革実施へ向けての基盤形成がみられた(4,5章)。

　これより他の開発途上国への政策提言を考えるならば,地方経済の自律的な経済発展の実現,特に国家,政府の経済への介入下であっても地方経済の自律的な経済発展を可能にすることもまた,市場経済化に向けた経済改革の成功のために重要な視点であるといえよう。即ち,国家のコントロール下にある経済であっても,個別経済主体や地方が一定の裁量を持つことが,換言すればある程度の分権的意思決定が存在する方が,後の経済改革,市場経済化による経済発展にむしろ有利になりうる,ということである。

　そして本書で得られた知見から,中国計画経済システムの実態についていえば,序章で議論されたような「ルースな計画経済」の様相が見える。即ち,市場経済とは異なるものの企業においても最適化行動が採られており,中国計画経済システム下での意思決定のあり方は,本来計画経済システムの円滑な運営に不可欠である集権的なものではなく,分権的であったことを本書の分析結果は示す。本書でみられたような計画経済システム下における技術効率性の維持・向上は,技術面での市場競争への耐性づくりや各地方経済での擬似的な景気循環が見られたことと併せて,その後に続く経済改革・市場経済化の初期段階における個別生産主体へのインセンティブ付与や地方への権限委譲による経済活性化の成功の背景のひとつを物語っている。

　但し,上述のような個別経済主体や地方経済への一定の裁量容認によるそれらへのインセンティブ付与や,計画経済期における後の経済改革

への基盤形成は必ずしも意図されたものではなく，あくまで資源不足等によって生じた，集権化された意思決定に基づく計画経済システムの運営の困難が生み出した結果である。本書で得られた知見は中国計画経済が実は成功していた，ということを示してはいないし，それを強調するものでもない。これまでの多くの先行研究が評価するように，中国計画経済システムはやはり大きな非効率性を抱えた経済システムであり，しかもその運営はうまくいったとは言いがたい。本書の知見が物語るものは，その失敗のなかにも，ポジティブな見方をすれば後の経済発展につながる一筋の可能性が見出された，ということである。

　以上より，経済改革それ自体が経済発展に大きく貢献したのみならず，それ以前の計画経済期に技術的基盤，経済改革導入による制度やルールの変更への耐性が形成されていたことも，中国の初期段階における経済改革の成功の裏にある。即ち，中国計画経済期は，そのルースな運営の結果，経済改革実施に向けた基盤づくりをおこなった時期と捉えられ，計画経済実施の際にその意図はなかったとしても，この点は中国計画経済期の経済実態の意義と位置づけとして捉えられるであろう。そしてこのような基盤形成は，経済改革実施の初期条件ともいえる。経済改革実施の初期条件は，表層的な理解での計画経済システムの失敗やその結果としての低レベルの経済水準ばかりにあるのではなく，計画経済システム下においても次代につながるような基盤形成の有無もまた，本質的な問題なのである。

　ここで本書における分析結果によって，著者は中国計画経済システムが抱える問題が従来から評価されているような深刻なものではなかったことを示そうとの意図を持たないことを改めて強調しておく。本書における分析結果は，開発経済学の分析対象としては看過されてきた中国計画経済時代にも，実は経済発展のためのヒントがあったことを示すものであり，幾多の問題を抱える中国計画経済システムの中にもその後の経済発展，中国的特質を持つ市場経済システム構築の端緒を見出し，その開発経済学的意義を持つ政策提言の可能性を考察しようとするものであ

終　章　中国計画経済研究がもたらすもの

る。

　但し当然ではあるが，本書の分析結果はより進んだ本格的な市場経済化に適応するための基盤作りが中国の計画経済時代に出来ていたことを示すものではない[1]。1990年代以降，より本格的な市場経済化を推進する段階に中国が達した後，現在に至る中国経済の歩みは必ずしも順調とはいえない。特に2000年代中盤以降の中国経済は現在になって顕在化している構造的問題を含む多くの経済問題に直面してきた。1992年の鄧小平による南巡講和以降，それまでよりも抜本的な経済改革が進み，従業員のリストラや企業売却を含む国有企業改革や金融改革も実施された。上場企業が増え，株式，証券市場も育成され，銀行を中心とする間接金融も発展した。このような状況を受けて，研究者らは今後も中国経済は通常の市場経済に順調に近づいていき，近い将来その移行を完了することを前提として，中国型市場経済の類型論を語っていた。しかし2010年に経済規模世界第2位にまでなった中国経済は，現在では国有系企業のプレゼンスの復活や，2008年以降にはリーマンショックの影響を受けて実施された大型公共投資等，国家や政府の経済に対する強い介入が再び顕在化しているようにみえる。この介入は規制緩和の中で進展する市場経済化の流れを逆流させるものである。更に一時的な経済低迷ではなく，高度経済成長期の終焉，経済成長率の鈍化という多くの先進国が経験した次の段階に中国経済も入りつつあり，中国経済の「ニューノーマル（新常態）」といわれる状況への対応が議論されている。李克強

1）　中国の経済改革はロシアのそれと比較して漸進的改革と特徴付けられるように，少しずつ進展するものであった。この「少しずつ」とは，改革の進展の度合いが比較的小さいということだけでなく，長期的なスケジュールがあらかじめ設定されてはいなかったことも表している。そこで，事前に長期的なスケジュールや目標が設定された上で経済改革が進められたとは考えにくい。したがって，計画経済期における経済改革実施後10数年以上経過した後の，本格的改革の目標設定や実施タイミングの展望が経済改革の当初から十分にできていたとは考えにくく，また実行可能性の点から考えてもかなり難しいであろう。

149

首相による再度の国有企業改革を中心とする構造改革の推進が提起されているのもその一環である。

本書では，中国における計画経済期の経験と現在の中国経済の停滞に至る上述の一連の流れとの関連を検討するような直接的な分析は行われていないが，本書での分析を敷衍してこの点に言及するならば，本書の序章で議論されたような地方分権化[2]，即ち地方政府を中心とする分権的意思決定との関連で，今日的な問題に以下のような提言を与えることができよう。

2 中国計画経済研究からみえるもの
――地方政府主導型地域経済発展の有効性及びその限界

本書では計画経済期中国にその後の改革開放に続く基盤が形成されていたことを議論してきたが，それはあくまでも改革開放・市場経済化の初期段階に実施された改革の基盤形成ついてであった。例えば企業への経営自主権付与や農業部門での請負制の実施等，規制緩和による経済主体への経済的インセンティブ付与による生産性向上がスムーズにおこなえたのは，前段階の計画経済期における資源不足等の事情を背景とした，各地方政府や企業の自己裁量の発揮による現場対応にみられる，計画経

---

[2] 序章で述べたように中国の計画経済では，地方分権化を志向する時期があったとも指摘されるし，一方で物資・資源不足による中央集権的な計画経済運営が困難であることから，結果として地方分権的にならざるを得なかった，という事情もあったが，いずれにしても中国の計画経済はその運営において必要条件となる中央集権的な意思決定が難しく，したがってルースな計画経済運営にならざるを得なかった。このようなケースでは，序章において議論されたように分権的意思決定，中国の文脈で言うならば地方（政府）の経済活動において担った役割が計画経済期においても重要な意味を持っていた。

済のルースな運営の経験にその一因を求めることができよう。ここで忘れてはならないのは，これらは計画経済期において，各地方政府が管理監督下にある企業をコントロールしつつ地方経済を運営するタイプの分権的意思決定をせざるを得なかった結果だということである。換言すれば当時の地方政府は，中央集権化された意思決定の貫徹が難しい中，分権的意思決定の主体としてあたかも「情報を一手に握る一経済主体」のような行動を採っていたといえよう。

　中国には省（province），市（city），県（county），そして農村には鎮（township）といった多層な地方政府が存在する。本書が分析対象としたのは主として省，市レベルの地方政府が管理・監督する国営企業である。よく言われるように各地方政府の組織自体も，税収増加の意味で地元企業の振興，地域外からの企業誘致，投資などに対する強いインセンティブを持っている[3]。過去の時代においても，計画経済期には地方政府は各地域内の資源配分において強いイニシアチブを発揮し，経済改革の初期には，市場経済が未発達であるために資金調達，販路の開拓，市況に関する情報収集といった，企業経営の点で地方政府の果たした役割は大きかった[4]。即ち，計画経済期，改革開放期のいずれにおいても，地方政府の地域経済振興・発展に占める役割は重要であり，特に計画経済期や改革開放初期の段階では不可欠であったといえよう。

　一方，現在の中国経済ではその地方政府の経済への介入がむしろ弊害をもたらすものとして指摘されている。先に述べたような現在における

---

[3] 改革開放初期段階である1980年代から1990年代に顕著に見られた農村工業の発展にも，郷鎮政府という最下層政府の農村工業の中核を担う郷鎮企業へのバックアップが評価された。これも下層の地方政府になるほどそのインセンティブは税収ルートが限定されているという点から経済的インセンティブをより強く持ち，郷鎮企業からの税収等は財源確保という点で重要であったといわれている。

[4] 特に最下級の地方政府である農村の郷鎮政府が，改革初期における農村経済新興，その中心的役割を担う郷鎮企業の発展において果たした役割がこのように評価される。

政府の経済への強い介入は，中央政府のそれのみを指すものではなく，地方政府のそれも含んでいる。そしてその介入は往々にして資源の浪費，非効率な資源配分という点で中国経済全体にはマイナスの影響をもたらしている。

　本書で見た経済の集権的コントロールが困難であった計画経済期や，計画経済期の様相が残存し，市場経済システムにおける諸制度も未成備であった改革開放初期の1980年代や1990年代中盤までの中国経済では，資源調達や販路開拓等に関する情報を持つ地方政府は，それらの情報を管理・監督下にある企業に提供することで，地元企業の成長，管轄地域の経済発展に貢献していた。しかし現在では市場制度も整いつつある。企業自身が市場へのアクセスが可能であり，新たに民営企業も成長している。地方政府は管理・監督下にある国営（有）企業だけを支援すればよいのではなく，民営企業の育成や，何より企業間の公平な競争環境の提供が管轄地域の経済活性化にとって重要となっている。即ち地方政府が担っていた地域経済発展における役割は大きく変化している。

　しかし，地方政府の地域経済への介入は依然として直接・間接いずれにおいても大きいことが，現在でもうかがえる。そのことが結果として地方政府が管轄する国有系企業に対する過度な肩入れをし，国有系企業をスポイルしており，その反面，あるべきはずであった民間セクターの成長を阻んでいる。その具体的表れとして2010年以降の近年にも注目された融資における地元の国有系企業の優遇，地方政府による実質的な地元不動産のブローカー的役割等も，公平な市場競争の展開，そしてそのために必要な透明性を持つルール・制度作り及びその運用を阻害する要因となっている[5]。

　現在，従来から問題視されてきた地方政府官僚の汚職・腐敗問題に対する取締りが強化されている。これにより反腐敗キャンペーンで地方政

5）　中国におけるシャドーバンキングを通じた理財商品のリスクが指摘されたこともあるが，そこにも地方政府による資金集めという思惑が関係している。

終　章　中国計画経済研究がもたらすもの

府が企業との過度な癒着を回避するようになっているといわれている。これはもちろん多くの指摘があるように，如何にこれまでの汚職や賄賂の問題が深刻であり，且つ中央政府によるこの種のキャンペーンが必要・重要であるかを表している。但し，上述の文脈からいえば反腐敗キャンペーンへの評価だけでなく，地方政府の地域経済における役割を変化させる契機となる可能性を持つことも見逃してはならない。地方政府が主導する地域経済振興・経済発展という手法は，計画経済から現在までその具体的現われ方は異なるものの連綿と継続しているが，この地方政府が汚職・腐敗の温床となる企業との癒着を解消しようとしている現在こそ，上述したような市場競争を阻害するような要因を除去するチャンスである。そして2000年代後半から期待されてきた国内の民間需要の喚起，起業家の育成などのチャンスでもあろう。地方政府は，例えば能力を持つ起業家の育成，広く民間企業を含む企業の誘致のために，法的整備や透明性のあるルール設定及びその運用等，市場経済の純粋なコーディネーターとしての政策担当者になっていくという方向が考えられる。且つそれは，地方政府が国民経済全体の厚生と地方政府の行動目的に整合性を持たせる道でもある。そして中央政府は地方政府にそのような経済プレーヤーとしての位置づけを与えるようなことができる制度の仕組みづくりを目指すべきであろう。

3　おわりに

　最後に，本書の分析結果を踏まえて今後の中国計画経済研究の方向性を展望しておこう。本書では中国で採用された計画経済システムの実態解明，意義と限界の分析をおこない，それによって同時に，中国計画経済期の実証分析に開発経済学的フレームワークの適用とそれによる実証分析の有用性と可能性を示した。同時に計画経済期を含む長期の中国経

済発展の分析の重要性も提起した。こうした点を踏まえ，今後の中国計画経済システムの研究の方向性として少なくとも以下の2点が挙げられよう。

計画経済システム下であっても，やはり，地域差を考慮する必要がある。本書でも見られたように意思決定が分権的であったならば，それには地域差があった可能性がある。そこで，可能な限り多地域をカバーした実証分析によって中国計画経済システムの全体像がより鮮やかにみえてくるであろう。

また，中国計画経済システムの全体像の解明という点では，対象とする産業についても軽工業のみでなく，他の産業，農業や発展の優先戦略が採られた重工業の当時の実態はどうであったのか，そして序章で言及したような産業連関が見られたのかどうか，ということも重要である。もしそのような産業連関が見られたのなら，それもまた後続する経済改革にはその実施に有効な初期条件となりえたであろうし，今日的な視点からも開発途上国への政策提言に重要な論点となるはずである。

そしてもし，このような計画経済研究を改革開放後との関係を念頭に置いておこなえば，各経済発展段階，換言すれば市場の各成熟段階における政府の市場への介入の度合いといった，市場と政府の関係を解明することができよう。これは中国に後続するいわゆる開発途上国だけでなく，中国を含む新興経済が抱える問題に対しても有用な提言となる可能性がある。

以上のように中国計画経済研究は，その実証研究を踏まえることで開発途上国をはじめとする諸経済に対する政策提言をより的確なものにすることが期待される，今日的視点からも重要なテーマである。

本書は中国計画経済期の開発経済学による実証研究のプロローグであり，中国計画経済研究に一つの視点と議論すべき論点の一端を提示したに過ぎない。今後，更に当該期経済に対する今日的な経済学的フレームワークからの実証分析が進展していけば，より詳細に当時の実態が解明され，そこから今日の中国，及び他の開発途上国の経済発展に資する提

終　章　中国計画経済研究がもたらすもの

言が導き出されることが期待できる。

あとがき

　本書の作成にあたり，そして本研究に至るまでに，筆者は多くの先生方からご指導や助言・コメントを頂いた。山口大学大学院経済学研究科では，座間紘一先生(山口大学名誉教授)に，京都大学大学院経済学研究科では，故・上原一慶先生(京都大学名誉教授，経済研究所)，大西広先生(京都大学名誉教授，現・慶應義塾大学経済学部)に指導教官としてご指導を頂いた。そればかりか山本裕美先生(京都大学名誉教授)，溝端佐登史先生(経済研究所)にも，貴重なご指導・アドバイスを頂くだけでなく，研究報告の機会も与えて頂き，学内外の多くの先生から有益なコメントを頂戴することが出来た。不出来な大学院生であった私が現在も何とか研究を続けていられるのはひとえに先生方のおかげであると感謝している。劉徳強先生には，先生のご業績を通じて計量経済学を用いた実証分析の大切さをご教示頂いた。また，仙田徹二先生(学術情報メディアセンター)にはデータの取り扱いの大切さをご教示頂いた。馬欣欣先生(一橋大学)にはその御研究姿勢をお手本にさせていただきたいと思うばかりである。

　研究を進める過程では，本当に多くの先生方にご指導を賜り，ご助言やコメントを頂いた。藤本昭先生(神戸大学名誉教授)には，本書の問題意識を整理する上で不可欠であった数々の貴重な書籍をご提供頂いた。故加藤弘之先生(神戸大学)，梶谷懐先生(神戸大学)，厳善平先生(同志社大学)，村上直樹先生(日本大学)，ウマルジャン・ハサン先生(新疆大学)，孫俊芳先生(蘇州大学)，牧野文夫先生(法政大学)，杜進先生(拓殖大学)，佐藤隆広先生(神戸大学)，中川涼司先生(立命館大学)，そして泉弘志先生(大阪経済大学名誉教授)，川副延夫先生(名古屋商科大学)，張南先生(広島修道大学)をはじめとする経済統計学会関西部会の先生方，日中統計国際シンポジウム参加メンバーの先生方をはじめ，多くの方々のご指導，アドバイスに深く感謝申し上げる。そしてそれらを論文として投稿した

際に匿名レフェリーを努めてくださった方々のコメントと助言にも計り知れない大きな学恩を負っている。また，湯可可先生（無錫市档案局・当時），そして徐立青先生（江南大学），武戈先生（江南大学）をはじめ江南大学商学院の先生方，胡海青先生（西安理工大学）には，現地でのヒアリングや資料収集といった研究上の作業へご協力を頂いただけでなく，現地事情に通暁した先生方の立場から，コメントやアドバイスを頂いた。先生方にここであらためて深い感謝の意を表したい。

そして研究上のパートナーでも，また先輩でもある矢野剛さん（京都大学）には，経済活動の現場や記述的資料に描かれた実態を，経済学の枠組みを踏まえながらどのように理論モデルに反映させ，実証モデルに組み込んでいくか，そしてそれを如何に精緻に分析していくか，という難しい課題に取り組む重要性とその真摯な姿勢の大切さを実感を持って教わった。謝意とともに深い敬意を表する。

本書の基礎となる研究のために，各方面からの資金的支援も頂いた。若手研究（B）「中国における市場経済の源流―開発戦略としての計画経済期中国の実証的探求―」（No. 21730233 研究代表 白石麻保），基盤研究（C）「計画期中国経済への数量経済史的アプローチ：改革開放へ向けての制度変化の内生性」（No. 24530310 研究代表 白石麻保），公益財団法人村田学術振興財団研究助成（平成24年度，研究代表 白石麻保），高橋産業経済研究財団研究費（研究代表 大西広），JSPSアジア教育拠点事業「人間発達の経済学」（研究代表 大西広）からの研究助成・資金的支援を頂いた。各助成機関に対し厚く御礼申し上げます。

そして本書の出版に際し，JSPS科研費（16HP5145）の助成を頂いた。ここに記して感謝の意を表します。

最後に出版の機会をいただいた京都大学学術出版会ならびに同会の國方栄二様，高垣重和様には，出版にいたるまで丁寧且つ貴重なご指導をいただいた。心より感謝申し上げます。

本書は，その各章の一部を既発表論文から著者が担当した部分を抽出し，加筆・修正の上体系的にとりまとめたものである。本書の内容に関

あとがき

連する既発表論文の初出誌リストを以下に記載する。ここで掲載していただいた各初出誌に対してその機会を与えられたこと，また本書への収録出来たことを感謝申し上げる。

序章
　書き下ろし

第1章
　Maho Shiraishi and Go Yano, (2011) "Efficiency of Production Organization in the Planned Economy of China: Empirical Analysis Using Historical Statistical Data", 紀宏・大西広編『中日経済統計評論』，首都経済貿易大学出版社
　を加筆修正

第2章
　白石麻保（2007）「対経済体制転変的微観数量分析―体制転変中的連続性因素與非連続性因素―」中国首都経済貿易大学統計学部　紀宏編『第六届中日経済統計学国際会議論文集』中国首都経済貿易大学出版社, pp. 15-23
　及び
　白石麻保（2007）「計画経済時期中国工業企業生産率與技術特征―利用江西省企業様本数拠庫的実証分析―」中国首都経済貿易大学統計学部　紀宏編『第六届中日経済統計学国際会議論文集』中国首都経済貿易大学出版社, pp. 25-36
　を加筆修正

第3章・補論
　書き下ろし

第4章

白石麻保　矢野剛　吾買尓江艾山「計画期中国経済への数量経済史的アプローチ―資金配分に注目して―」『経済論叢』第 185 巻第 2 号, pp. 1-15, 京都大学経済学会
を加筆修正

第 5 章

白石麻保　矢野剛　吾買尓江艾山「計画期中国経済への数量経済史的アプローチ―資金配分に注目して―」『経済論叢』第 185 巻第 2 号, pp. 1-15, 京都大学経済学会

及び

白石麻保　矢野剛「人力資源的形成與経済体制改革：作為改革開放時代的基礎的計画経済時代」許崇正　大西広　楊帆等著『人的发展経済学新進展：中日"人的発展経済学"第五次国際検討会論文選』, 中国経済出版社, pp. 234-246
を加筆修正

終章

書き下ろし

参考文献

日本語文献

イアン・ブレマー　有賀裕子訳 (2011)『自由市場の終焉―国家資本主義とどう闘うか』日本経済新聞出版社.

上原一慶 (1994)「第 4 章　社会主義システムの改革と中国の行方」上原一慶編『現代中国の変革　社会主義システムの形成と変容』世界思想社.

上原一慶 (2009)「序章　二つの社会主義と民衆」『シリーズ　中国にとっての 20 世紀　民衆にとっての社会主義　失業問題からみた中国の過去，現在，そして行方』青木書店.

大塚啓次郎　劉徳強　村上直樹著 (1995)『中国のミクロ経済改革　企業と市場の数量分析』日本経済新聞社.

大西 広 (2003)「鄧小平路線の歴史的意味」大西 広　矢野 剛編著『中国経済の数量分析』序章，pp. 3-25，世界思想社.

加藤弘之 (2004)「第 3 章　経済発展と市場移行―改革開放の 20 年―」加藤弘之・上原一慶編著 (2004)「第 1 部　現代の中の歴史 」『現代世界経済叢書 2　中国経済論』ミネルヴァ書房).

川井伸一 (1991)「第 3 章　中国企業と一長制―摩擦の実態的分析」『現代中国研究叢書 (平成 2 年度)　中国企業とソ連モデル　一長制の史的研究』財団法人　アジア政経学会.

河地重蔵 (1989)「第一章　経済発展戦略の軌跡」河地重蔵・藤本昭・上野秀夫『変貌する中国経済』世界思想社.

河地重蔵 (1972)「第 8 章　文化大革命と農業発展政策」『毛沢東と現代中国』ミネルヴァ書房.

小嶋正巳 (1993)「第 1 章　経済管理体制と企業管理体制の変遷」『中国社会主義企業の展開』千倉書房.

中国研究所訳 (1956)「第 3 章　工業」『中華人民共和国国民経済発展第一次五箇年計画 1953-57』東洋経済新報社.

中兼 和津次 (2002a)「第 3 章　中国経済の長期発展過程とその特色」『シリーズ　現代中国経済 1　経済発展と体制移行』，pp. 72-123，名古屋大学出版会.

中兼 和津次 (2002b)「第 4 章　中国における移行政策の展開」『シリーズ　現代中国経済 1　経済発展と体制移行』，pp. 124-165，名古屋大学出版会.

中兼 和津次 (2010)「歴史的視野からみた現代中国経済 (試論)」中兼 和津次編著『現代経済学叢書 107　歴史的視野からみた現代中国経済』序章，pp. 1-12，ミネルヴァ

書房.
藤本　昭（1971）「第 6 章　国家財政と企業財務の関係」『新中国の国家財政の研究』有斐閣.
牧野文夫（2005）「第 1 章　世界の工場か，世界の市場か？」南亮進・牧野文夫編『中国経済入門第 2 版　世界の工場から世界の市場へ』日本評論社.
丸川知雄（2003）『市場発生のダイナミクス　移行期の中国経済』アジア経済研究所
溝端佐登史（1983）「戦後ソ連の工業化と企業組織」『経済論叢』第 132 巻第 1・2 号, pp. 48-70.
溝端佐登史（2002）「第一章　計画経済―社会主義経済システムとしての計画経済とその破綻―」溝端佐登史・吉井雅彦編「第Ⅰ部　市場経済移行の枠組みと構図」『市場経済移行論』世界思想社.
村上直樹（1999）「産業組織と企業間関係」南亮進　牧野文夫編著『大国への試練　転換期の中国経済』第 6 章, pp. 123-139, 日本評論社.
山本恒人（1994）「第 2 章　工業化と中国社会主義の形成」上原一慶編『現代中国の変革　社会主義システムの形成と変容』世界思想社.
游仲勲（1982）「第 1 章　中国における計画経済の発展」游仲勲編著『現代中国の計画経済』ミネルヴァ書房.
游仲勲（1982）「第 2 章　従来の中国計画経済の特質」游仲勲編著『現代中国の計画経済』ミネルヴァ書房.
劉徳強（1992）「中国鉄鋼業における利潤分配制度の改革：契約論的アプローチによる接近」『アジア経済』第 33 号第 4 号.
劉徳強（1999）「第 2 部　国有企業の現状と課題　第 7 章　生産性の変化とその要因」南亮進・牧野文夫編著『大国への試練』日本評論社.
林毅夫・蔡昉・李周（渡辺利夫 監訳・杜進 訳）（1997）「第 2 章　「超越戦略」と伝統的経済体制」『中国の経済発展』日本評論社.

外国語文献
英語
Abbasian, S., Yazdanfar, D. and Hedberg, C., (2014) "The Determinant of External Financing at the Start-Up Stage--Empirical Evidences from Swedish Data", *World Review of Entrepreneurship, Management and Sustainable Development*, 2014, vol. 10, iss. 1, pp. 124-41.
Allen, F., (2005) "Corporate Governance in Emerging Economies", *Oxford Review of Economic Policy*, vol. 21 no. 2, pp. 164-177.
Basu, S., (1996) "Procyclical Productivity: Increasing Returns or Cyclical Utilization?"

Quarterly Journal of Economics, 111, pp. 719–751.
Bo, H., Li, T. and Toolsema, L. A., (2009) "Corporate Social Responsibility Investment and Social Objectives: An Examination on Chinese State Owned Enterprises", *Scottish Journal of Political Economy*, Vol. 56, No. 3, pp. 267–295.
Chang, E. C., Wong, Sonia M. L., (2009) "Governance with multiple objectives: Evidence from top executive turnover in China", *Journal of Corporate Finance*, 15, pp. 230–244.
Chen, K., Wang, H., Zheng, Y., Jefferson, G.H., Rawski, T.G., (1988) "Productivity Change in Chinese Industry: 1953–1985", *Journal of Comparative Economics* 12, pp. 570–591.
Dollar, D., (1991) "Economic Reform and Allocative Efficiency in China's State-Owned Industry," *Economic Development and Cultural Change* 39, pp. 89–105.
Dong, X. and Putterman, L., (1996) "China's Rural Industry and Monophony: An Exploration", *Pacific Economic Review*, 1 (1), pp. 59–78.
Dong, Y. and Putterman, L., (1997) "Productivity and Organization in China's Rural Industries: A Stochastic Frontier Analysis," *Journal of Comparative economics*, Vol. 24, pp. 181–201.
Dong, X., (1998) "Employment and Wage Determination in China's Rural Industry: Investigation Using 1984–1990 Panel data.", Journal of Comparative Economics, 26, pp. 485–501.
Dong, X. and Putterman, L., (2000) "Prereform Industry and State Monopsony in China", *Journal of Comparative Economics*, 28, pp. 32–60.
Dong, X. and Putterman, L., (2002) "China's State-Owned Enterprises in the First Reform Decade: An Analysis of a Declining Monopsony", *Economics of Planning*, 35, pp. 109–139.
Fleisher, B. M. and Wang, X., (2001) "Efficiency Wage and Work Incentives in Urban and Rural China", *Journal Comparative Economics*, 29, pp. 645–662.
Gemechu A. A. and Barry R., (2011) "Access to credit and informality among micro and small enterprises in Ethiopia", *International Review of Applied Economics*, Vol. 25, No. 3, pp. 313–329.
Groves, T., Hong, Y., McMillan, J. and Naughton, B., (1994) "Autonomy and Incentives in Chinese State Enterprises," *Quarterly Journal of Economics* 109, pp. 183–209.
Hui, Qin, (2005) "China's Economic Development Performance Under the Prereform System", *The Chinese Economy*, vol. 38, no. 4, pp. 61–85.
Imai, H., (2000) "The Labor Income Tax Equivalent of Price Scissors in Prereform

China" *Journal of Comparative Economics,* 28, pp. 524-544.

Jefferson, G. H., (1989) "Potential Source of Productivity Growth within Chinese Industry", *World Development* 17, pp. 45-57.

Jefferson, G. H., (1990) "China's Iron and Steel industry: Source of Enterprise Efficiency and the Impact of Reform", *Journal of Development Economics* 33, pp. 329-355.

Jefferson, G. H. and Xu, W., (1991) "The Impact of Reform on Socialist Enterprises in Transition: Structure, Conduct, and Performance in Chinese Industry", *Journal of Comparative Economics* 15, pp. 45-64.

Jefferson, G. H., Rawski, T. G. and Zheng, Y., (1992) "Growth, Efficiency, and Convergence in China's State and Collective Industry," *Economic Development and Cultural Change,* Vol. 40, pp. 239-266.

Jefferson, G. H., Rawski, T. G. and Zheng, Y., (1996) "Chinese Industrial Productivity: Trends, Measurement Issues and Recent Developments," *Journal of Comparative Economics,* Vol 23, pp. 146-180.

Jefferson, G. H., (1999) "Are China's Rural Enterprises Outperforming State Enterprises? Estimating the Pure Ownership Effect," in G. H. Jefferson and I. Singh eds., *Enterprise Reform in China: Ownership, Transition and Performance,* pp. 153-170, Oxford University Press, New York.

Jefferson, G., H., Singh, I., Xing, J. and Zhang, S., (1999) "China's Industrial Performance: A Review of Recent Findings," in G. H. Jefferson and I. Singh eds., *Enterprise Reform in China: Ownership, Transition and Performance,* pp. 127-152, Oxford University Press, New York.

Lee, K., (1990) "The Chinese Model of the Socialist Enterprise: An Assessment of its Organization and Performance," *Journal of comparative Economics* 14, pp. 384-400.

Murakami, N., Liu, D. and Otsuka, K., (1994) "Technical and Allocative Efficiency among Socialist Enterprises: The Case of the Garment Industry in China," *Journal of Comparative Economics,* Vol., 19, pp. 410-433.

Pitt, M. M. and Putterman, L., (1999) "Employment and Wage in Township, Village and Other Rural Enterprises", in G. H. Jefferson and I. Singh eds., *Enterprise Reform in China; Ownership, Transition and Performance,* pp. 23-42, Oxford University Press, New York.

Prime, P. B. and Qi, Li, (2013) "Determinants of Firm Leverage Evidence from China", *The Chinese Economy,* vol. 46, no. 2, pp. 74-106.

Putterman, L. and Dong, X., (2000) "China's State-Owned Enterprises: Their Role, Job Creation, and Efficiency in Long-Term Perspective", *Modern China*, 26 (4), pp. 403-447.

Svejnar, J., (1990) "Productive Efficiency and Employment", in W. Byrd and Q. Lin eds., *China's Rural Industry: Structure, Development, and Reform*, pp. 243-254, Oxford University Press, New York.

Wang, H., Zhang, W. and Wang, J., (2007) "Auctioning the state owned enterprise in China: the trade-off between maximizing revenue and minimizing unemployment", *Economic Change and Restructuring*, 40, pp. 267-280.

Wang, Y. and Yao, Y., (2003) "Source of China's economic growth 1952-1999: incorporating human capital accumulation.", *China Economic Review* 14, pp. 32-52.

Weeks, M. and Yao, Y., (2003) "Provincial Conditional Income Convergence in China, 1953-1997: A Panel Data Approach.", *Econometric Reviews* 22, pp. 59-77.

中国語

国家統計局国民経済綜合統計司編（2005）『新中国五十五年統計資料匯編（China Compendium of Statistics 1949-2004）』 中国統計出版社.

李国強・何友良主編（1999）『当代江西五十年』江西人民出版社.

羅平漢（2009）『"大躍進"的発動』人民出版社.

羅平漢・盧毅・趙鵬（2013）『中共党史 重大争議問題研究』人民出版社.

軽工業部政策研究室編（1981）『新中国軽工業三十年 下冊』，軽工業出版社.

上海財経大学課題組（2007）「市場化改革下製造業結構回（恢）復性調整期（1979-1991年）第一節 市場計画経済体制起歩和探索階段（1979-1984年）」『中国経済発展史（1949-2005）上』第3章，pp. 327-337，上海遠東出版社.

蘇星（2007）『新中国経済史』(修訂本) 中共中央党校出版社.

王海光（2014）『時過境未遷－中国当代史採薇』四川人民出版社.

呉敬璉・張問敏（1999）「社会主義経済理論」張卓元主編『論争与発展 中国経済理論50年』雲南人民出版社.

呉敬璉（2003）「企業改革 伝統国有企業制度和以放権譲利為主線的改革」『当代中国経済改革』第4章，pp. 134-144，上海遠東出版社.

肖翔（2014）「第1章 伝統社会主義工業化戦略的形成與作用」『中国工業化中的政府作用研究（1949-2010）』経済科学出版社.

趙学軍（2008）「第4章 計画経済時期的商業信用」『中国社会科学院文庫・経済研究系列 中国商業信用的発展與変遷』方志出版社.

王博 主編（2006a）「第 2 部分　中華人民共和国経済通史　第 2 編　第 1 個五カ年計画時期　第 11 章"調整，恐固，充実，提高"八字方針的提出和執行」『中華人民共和国経済発展全史 3』pp. 1498-1510，中国経済文献出版社.

王博 主編（2006b）「第 2 部分　中華人民共和国経済通史　第 2 編　第 1 個五カ年計画時期　第 18 章"文化大革命"期間国民経済所遭受的厳重挫折與某些領域中的進展」『中華人民共和国経済発展全史 3』pp. 1604-1615，中国経済文献出版社.

王博 主編（2006c）「第 2 部分　中華人民共和国経済通史　第 4 編　1950-1969 年中国実施的重大項目　第 2 章　地区布局　第 9 節　河北省」『中華人民共和国経済発展全史 4』pp. 1760-1763，中国経済文献出版社.

王博 主編（2006d）「第 2 部分　中華人民共和国経済通史　第 4 編　1950-1969 年中国実施的重大項目　第 2 章　地区布局　第 9 節　江西省」『中華人民共和国経済発展全史 4』pp. 1770-1772，中国経済文献出版社.

中国企業史編纂委員会編（2002）『中国企業史　現代卷（上）』企業管理出版社.

中国社会科学院中央档案館編（1998）『中華人民共和国経済档案資料選編　工業卷 1953-1957』中国物価出版社.

中国社会科学院中央档案館編（2011a）「第 5 部分　国営工業企業管理（四）工業企業的管理」『1958-1965 中華人民共和国経済档案資料選編　工業卷』中国財政経済出版社.

中国社会科学院中央档案館編（2011b）「第 4 部分　国営企業財務管理」『1958-1965 中華人民共和国経済档案資料選編　財政卷』中国財政経済出版社.

中華人民共和国国家統計局編『中国統計年鑑 1981　海外中文版』香港経済導報社.

鄒東涛　欧陽日輝　等著（2009）『新中国経済発展 60 年（1949-2009）』人民出版社.

Empirical Analysis of a Planned Economy:
China's Economic Development

This book attempts an empirical clarification of the actual conditions of China's planned economy, as well as the economic significance of the period of the country's planned economy in the context of its period of long-term economic development, including its subsequent period of "reform and opening up" (*gǎigé kāifàng*, hereinafter the "Chinese Economic Reforms"), with the aim of assessing the characteristic features of the planned economy period while establishing links with the nature of China's current market economy. The outline of the analysis is as follows. First of all, through a quantitative analysis, I elucidate the actual conditions of China's planned economic system, which has been indicated in previous studies as having been "loosely" managed as compared to the Soviet system and other planned economies. Next, I examine the prospective impact of the manner of the operation of this "loosely" planned economy on the subsequent Chinese Economic Reforms and the present Chinese economy. By doing so, rather than merely performing a historical quantitative analysis of the period of China's planned economy, I am trying to develop a historically aware discussion of the actual conditions of the modern Chinese economy by positioning the period of the planned economy in the context of economic development throughout China's contemporary history.

For the analysis undertaken in this book, I have set my agenda based on the viewpoint, alluded to in the Preface from discussions of previous studies, that China's planned economy was a "loosely" planned economy. In the Preface, I discuss how, despite a general belief in the absolute necessity of centralized decision-making to the smooth operation of planned economies, in the Chinese case, an apparent aspect wherein it became necessary for steps to be taken at local governmental and enterprise levels to address various issues—including low levels of economic development, delayed resource allocation, material supply shortages, and sundry other political problems—meant that it ultimately became necessary to rely on decentralized decision-making. In the first and subsequent chapters, I carried out specific analyses to consider the nature of how this "loosely" planned economy (and its consequent "decentralized decision-making") affected the operation of China's planned economy, as well as the nature of any impact on subsequent economic reforms. The topics analyzed in these chapters are related to, in order, production systems and efficiency, the presence or absence of technical progress or productivity changes in the industrial sector of China's planned economy, behavioral patterns at the enterprise level, technical efficiency and allocative efficiency, and the macroeconomic conditions of the period of the planned economy immediately prior to the Chinese Economic Reforms.

The aspects that I clarify in this book are as follows.

With regard to the production organizations characteristic of the period of China's planned economy, which have been conventionally described as inefficient, the possibility has been suggested that the influence of the comprehensive ("full-set") production systems that constituted its specific form is less significant than has been generally believed, and that to some degree the industrial sector was been marked by a tendency to aspire toward specialized production systems. However, while one might argue that the introduction of specialized productions systems was, from a productivity viewpoint, a valid strategy in the China of the 1950s, any such validity would have been lost in the 1960s and 1970s (Chapter 1).

When I try looking from the micro level at productivity among China's state-owned enterprises during this period, as well as the characteristics of their changes over time and technical progress, I find that with regards to productivity among China's state-owned enterprises during the period of the planned economy, despite a temporary decline, productivity tended on the whole to show an upward trend. The labor-using technical progress during this period, by conforming to the factor endowment situation in China at that time, were in fact building a certain technical base for light industry development during the subsequent period of the Chinese Economic Reforms (Chapter 2).

Also, from the results of an empirical analysis of the behavior of state-owned enterprises, it is found that China's state-owned enterprises were characterized by under-employment during the period of the planned economy, and that the extent of this under-employment was dependent on fluctuations of, for example, capital increases, price indices, and liquidity. Even if I consider the possibility of constraints imposed by the jurisdictional authorities during the period of the planned economy, this finding shows that enterprises had some degree of leeway to make field decisions regarding actions relating to business operations. This tells us that, though it differed from the market economy, optimizing behavior was also undertaken in the context of the enterprises of the period of China's planned economy (Chapter 3). As an appendix to Chapter 3, an ancillary analysis is carried out that reveals that enterprises in the light industry sector during this period, through policies such as the "priority allocation of liquid funds", had incentives to improve firm performance oriented toward acquiring liquid investments from individuals, unlike those that operated under the market economy. Under the planned economic system, these firm performance improvements were oriented not so much toward profits influenced by government controls, but more toward pure productivity indicating firm performance.

Based on the above-listed results, the discussion in the final chapter features the points described in the following paragraphs.

Increases in technical efficiency are also feasible to a certain degree under a planned economic system, and the simultaneous maintenance and realization of improvements to technical efficiency could be an important base for economic reforms, particularly those carried out in China at the initial stages of the period of Chinese Economic Reforms, such as conferring incentives to enterprises through deregulation. On this basis, as a recommendation for the successful introduction of market-oriented economic reforms in other developing countries, I can highlight the importance of building a base in terms of technical and productive aspects at a prior stage. I may also note that the formation of this base is feasible while granting certain incentives to economic actors even through state intervention in the economy.

Next is examined whether the formation of a base for the implementation of economic reforms was present during the period of the planned economy from the perspective of economic systems transformation in the sense of the introduction of the Chinese Economic Reforms policies. Then, with regards to the significance of the introduction of the Chinese Economic Reforms policies from the planned economy in China, it is shown how the likelihood that the Chinese Economic Reforms Policies engendered resource allocation efficiencies in the overall economy, including enterprise selectivity. A certain degree of improvement to resource allocation efficiency during the period of the planned economy created the real preconditions for the smooth introduction of mechanisms and systems that in the subsequent period of Chinese Economic Reforms would force out (that is, select against) enterprises with relatively low technical efficiency. As to the latter, it can be shown that enterprises remained resistant to market competition by virtue of the fact that the optimal scale of production for enterprises drew progressively nearer to unity in the years prior to 1980. In addition, the formation of a base for the implementation of economic reforms could also be seen in other areas. Examples of such include the significant relationship that became apparent between capital turnover and economic development, such that something akin to a type of business cycle could be seen, and furthermore the fact that the core of growth moved to the coastal regions that constituted the focus of economic development in the wake of the Chinese Economic Reforms.

Thinking about this in terms of policy recommendations for other developing countries, it could be said to be an important perspective for enabling the realization of autonomous economic development in regional economies, even autonomous economic development in regional economies through state interventions in the economy, as well as the achievement of market-oriented economic reforms. In other words, this is to say that even in a state-controlled economy, for individual economic actors and regions to possess a certain amount of discretion (that is, for a certain degree of decentralized decision-making to exist) can be rather advantageous for economic development through the move to a market economy.

From the findings obtained in this book, speaking in terms of the actual conditions of China's planned economic system, one can see the aspect of the "loosely" planned economy as discussed in the Preface. That is, the results of the analysis in this book show that (1) although distinct from a market economy, optimizing behavior was still undertaken at the enterprise level; and (2) rather than the centralized type considered indispensable for the smooth operation of a normal planned economy, the nature of decision-making in China's planned economic system was decentralized. The maintenance and improvement of technical efficiency under a planned economy system such as the one seen here, in conjunction with the building of resistance against market competition and the appearance of a kind of quasi-business cycle in regional economies, tells the story of the backdrop of successful economic stimulation through the conferral of incentives to individual economic actors and the regional delegation of authority at the initial stages of the market-oriented economic reforms that would continue thereafter.

However, the building of a base for the economic reforms that were to follow the period of the planned economy through the granting of incentives by tolerating a certain degree of discretion on the part of regional economies and individual economic actors, described above, was not necessarily intentional.

Rather, this outcome was merely the result of difficulties in the operation of the planned economic system based on centralized decision-making caused by the scarcity of resources and similar factors. The findings obtained in this book do not demonstrate that China's planned economy was actually successful, nor are they intended to emphasize this. As in the evaluation of many previous studies, China's planned economic system was still plagued with large inefficiencies, and it is difficult to construe its operations as successful. The story told by the findings in this book is that even in the midst of this failure, adopting a positive perspective yields the ray of possibility of China's subsequent economic development.

From the above, I find not only that economic reforms did contribute greatly to economic development in their own right but that the success of China's initial phase of economic reforms was also backed by the formation of a technical base and a resistance to regulatory changes and institutions introduced by said economic reforms during the earlier period of the planned economy. In other words, the period of China's planned economy can be understood as a period that, as the result of its "loose" management, witnessed the creation of a base oriented toward the implementation of economic reforms. Moreover, even if this was not the intention at the time of the implementation of the planned economy, this point may be understood as the significance and positioning of the actual economic conditions during the period of China's planned economy. The formation of such a base could also be described as the initial conditions for the implementation of economic reforms. These conditions, rather than merely in a superficial understanding of the failure of the planned economic system or low-level economic standards that resulted from such, are also the essential problem of the presence or absence of the formation of a base to usher in the next phase even under a planned economic system.

Here I want to emphasize once again that it is not my intention to attempt to show that the problems facing China's planned economic system were not as serious as the conventional view would have us believe. Rather, the results of the analysis in this book show that even the period of China's planned economy, which has been overlooked as an object for analysis by developmental economics, in fact held clues to its economic development. Moreover, even in China's planned economic system, plagued with its multitude of problems, it has attempted to discover how to construct a market economic system with Chinese traits.

This book is a prologue to an empirical study of the development economics of the period of China's planned economy, and as such presents merely one perspective on the study of China's planned economy, and no more than a glimpse of the issues that will need to be discussed. In future, with further progress in the empirical analysis of the economics of this period using the frameworks of contemporary economics, we can expect the actual conditions of this era to be elucidated in even greater detail, and from this the derivation of recommendations that will contribute to the economic development of China today, as well as of other developing countries.

计划经济的实证分析 —— 中国的经济开发

摘要

　　本书的写作目的在于实证地阐明中国计划经济时期的经济发展状况，揭示计划经济这一时期在包括改革开放时期在内的现当代中国经济发展中的意义，以及计划经济时期积累的经验与现在中国市场经济特质的形成是否存在关系。基于这些目的，本书的研究动机是：大量相关文献研究表明，中国的计划经济与苏联等的计划经济大不相同，它运作的实际状态相对来说不是很严格，即：在执行计划的过程中有很多需要各个地方政府和企业发挥自身智慧并进行自主判断的局面。甚至，为了完成计划，包括地方政府和企业在内的各个经济主体不能仅仅等着按计划分配的资源和原材料的到来，当时，分配的物资难以按时到达的情况时常发生，他们不得不自己解决问题。具体来说，如果按计划分配的原材料或资源不能按时到位，或者数量不够，为保证生产，地方政府或企业需要在当地进行补充。另外，当时虽然有计划，但是节约资源和原材料也是每一个单位所面临的重要课题。

　　本书根据以往的研究文献，首先用数量分析的方法来实证地阐明中国计划经济时期的实际情况。其次，如果真的有以往研究所说的情况，本书将探讨以下课题：所谓"不是很严格的计划"的运作方式能否影响到此后实施的改革开放的初期成功，以及开始走市场经济化道路时，"不是很严格的计划经济"的经验能否对经济主体适应市场经济机制做出贡献等问题，因为上述如节约资源，原材料等行为与市场经济体制下的企业成本最小化行为有相似之处。

　　因此，本书的独创性特点如下：本书不仅进行了经济史的数量分析，还关注现代和当代中国经济发展的连贯性，试着开展立足于历史发展过程的现代中国经济实证研究和讨论。

　　本书的具体内容是：在"序章"中，我们将概述过去文献中指出的与"不是很严格的中国计划经济"相关的各种问题，并依据这些观点设定分

析课题。"序章"主要讨论的内容有：一般来说，计划经济的顺利运行不能缺少中央集权型意志的决定，而在中国，由于当时的经济发展水平不高，资源分配体系不完善，物资供给不足等问题，以及包括政治格局变化在内的种种突发性问题的发生，中国计划经济常常需要地方政府和企业等基层的智慧和判断。也许并非出于本意，从结果来看这一局面导致了中国计划经济不得不依据分权型意志决定。从第一章开始，我们将具体分析这种"不是很严格的计划经济"和"从结果来看的分权型意志决定"对中国计划经济的运行以及经济改革的影响。各章标题分别为：中国计划经济时期的生产体系和效率性，当时工业部门的生产率的变化趋势和技术进步的特征，当时的企业行动模式，技术效率性和分配效率性以及宏观经济情况和改革开放的转换时机。

最终本书各章分析得到的结果如下：

虽然计划经济时期中国"大而全，小而全"的生产组织的非效率性在以往研究中被广为指摘，但我们的分析结果表明，它在生产体系中的存在感并不像一般认为的那样大，并且其存在暗示了中国的工业部门拥有转向分业型生产体系的可能性。在二十世纪五十年代，导入分业型生产体系从生产率的观点来看可以说是恰当的战略，但是到二十世纪六七十年代，这个生产体系的优势消失了（第一章）。

从当时国营企业的生产率水平与其经年变化来看，虽然在有些时期企业生产率由于政治性的或者其他原因一时之间下降，但是总体来说计划经济时期的企业生产率有逐渐上升的趋势。在计划经济时期的几个阶段中发生的政治性的或者其他方面的社会变动并没有给企业带来持久的打击，它给企业的影响是暂时的而不是长期的。关于技术进步特征的微观分析结果则显示，这一时期的技术进步拥有劳动使用性的特征，这与当时中国人口极多的国情相符，同时为改革开放初期的轻工业发展打下一定的基础（第二章）。

从有关国营企业的行动模式的实证分析结果来看，当时的国营企业处于过少雇用状态，过少雇用的程度随着投资，价格指数，流动资金等的变动而变化。这个结果表明，虽然有计划经济的制约，但是当时的企业并不

完全依靠计划或者指令，而一定程度上在现场自己解决困难，即自己决定自己的行动。因此，或许可以说，虽然与在市场经济下的最优化选择不同，但是计划经济时期的企业也进行了某种最优选择（第三章）。接下来，在第三章的补论部分中我们进一步分析，在计划经济时期，轻工业企业根据国务院发布的"流动资金有限分配"政策，虽然与市场经济的所谓经济性动机（incentive）不同，但是当时国营轻工业企业获得流动资金的需求也激励了企业业绩的提升。而且，其动机并不是利润（受政府控制的影响），而是更加纯粹地为表现企业业绩的生产率的提升。

立足于以上分析，在"终章"我们得到初步结论：技术效率性的提升在计划经济体系下也可以一定程度上实现，与此同时，技术效率性的维持和提升有可能给经济改革，特别是放宽限制给予企业经济动机（这种改革实际上正是中国改革开放初期实施的）打下重要的基础，而且这个基础的形成在政府对经济的介入较强的计划经济体系下也可能实现。

接下来，在第四章和第五章中，我们就导入改革开放政策的意义和计划经济时期是否为其提供必要基础两个问题进行讨论。分析结果表明，导入改革开放政策的主要意义在于通过企业淘汰等方式实现资源分配效率的提高，而且如果在计划经济下已经能一定程度上改善资源分配的效率，这可能为改革开放以后顺利地形成将生产率相对低的企业从市场淘汰的机制提供了一个前提条件。对于计划经济时期中国经济是否做好了导入改革开放的准备，从分析结果可以看出：企业的最佳生产规模到1980年几乎接近1，因此也许能说明企业逐渐地拥有了对市场经济竞争的抵抗能力。另外，在地方经济资金周转与经济发展之间有明显的相关关系，由此我们可以看出一种与市场经济下的经济景气循环类似的情况。同时，二十世纪七十年代的经济增长前5位都是沿海地区的省份，而二十世纪四五十年代经济增长率高的省份基本上都在内陆地区，由此可以看出，经济发展的核心从内陆移动到了沿海。这些宏观趋势表明，在二十世纪七十年代，中国经济已经逐渐做好了开始改革开放的准备。

从本书的分析结果出发，如果考虑对其他发展中国家，特别是仍然落后于中国的发展中国家的政策建议，即使在国家控制经济的体制下，一定

程度承认地方或者个别经济主体的自律性发展对于整个宏观经济的发展和导入市场经济化政策也是有效的。换言之，为了形成国家控制经济的体制需要集权型意志决定时，也同时允许分权型意志决定的存在对导入经济改革和市场经济从而实现经济发展也是有利的。

本书的分析结果还解释了在本书"序章"所讨论过的中国计划经济被称为"不是很严格的计划经济"的原因，即：虽然与市场经济不同，但在这样的计划经济体系下，企业也进行某种最优选择，集权型意志决定和分权型意志决定方式同时并存，最终帮助克服了中国计划经济运行中的困难。另外，本书讨论过的在计划经济体制下的技术效率性的维持和提高，在技术方面企业逐渐地拥有对市场竞争的抵抗能力，以及在地方经济出现与市场经济下的经济景气循环类似的状况等等，这些或许都对中国改革开放和市场经济化初期阶段实施的措施，即通过给个别经济主体以经济动机以及向地方转让权利而成功地搞活地方经济和部分经济主体，提供了施展的前提。

但是，上述在计划经济时期内形成的改革开放政策实施的基础并不是预先设计的，而是由于资源不足等原因不得不为之。本书得到的结论决不说明和强调中国计划经济本身其实是成功的。本书承认如许多以往研究所说的那样，中国计划经济从整体来说确实是一个低效的体系，其运行也不能说成功。本书试图说明的是如果建设性地看待这一系列失败的尝试，我们也可以在中国计划经济体系里找出导致此后经济发展成功的一线可能性的几个闪光点。

笔者再次强调，本书没有用此分析来推翻以往研究所提出的中国计划经济体系的各种严重问题的意图。本书的分析结果仅仅表明到目前为止不被发展经济学纳入研究对象的计划经济时期的中国经济实际上也包含着对其后经济发展的启示，与此同时，本书也希望找到此后的有中国特质的市场经济构筑的端绪。

本书试图通过发展经济学的视角对中国计划经济时期进行实证分析，作为此类研究的序幕或者说开端，本书只不过提示了这一方向的一个视点或论点的一个方面。今后，用现代的经济学框架来对包括中国计划经济时

期在内的中国经济的长期发展所进行的实证研究能够不断进步,并由此导出对当今中国经济和其他发展中国家有效的政策建议,这才是笔者盼望看到的。

索　引

意思決定　2-7, 9, 10, 12, 61, 63, 64, 70, 71, 80, 86, 89, 147, 148, 150, 151, 154
　──権　2, 5, 63
　中央集権的──　4
　分権的──　3, 10, 14, 86, 150, 151
移動平均　93, 94, 122, 123
インセンティブ　1-3, 14, 17, 61, 89, 91, 92, 96, 97, 99-102, 106, 107, 108, 112, 146, 147, 150, 151
n 次同次　41
L^*-L ギャップ　69, 75, 76

改革開放　i-iii, 13, 16, 17, 28, 37, 61, 90, 109, 129, 145
開発経済学　ii, 14, 148
回復・調整期　134
回復時期　34
価格指数　27, 45, 68, 69-71, 81, 98, 100, 102, 104, 146
過少雇用　62, 63, 72, 75, 76, 81, 84, 85, 146
稼働率　19, 20, 22-26, 29, 33-35, 44, 67, 114, 117, 118, 137
管轄政府　63, 64, 146
企業間信用　64
企業行動　11, 61-63, 65, 70-72, 77, 80, 81
技術効率性　14, 110, 112, 115-121, 124, 125, 146, 147
技術進歩　1, 16, 37-43, 52, 54, 57, 95, 110, 112, 124, 130, 145
　資本使用的な──　42
　資本節約的な──　42
　労働使用的な──　43
　労働節約的な──　43
寄与度　24
国進民退　i
計画経済　i-iii, 1-17, 19, 37, 61, 89, 109, 129, 145
　ルースな──　1, 5, 12, 59, 70, 147, 150
軽工業　6-10, 39, 44-47, 52, 57-60, 67, 73, 87, 90, 91, 96, 97, 107, 119, 145, 146, 154
経済発展レベル　5-7, 9, 10, 12
係数推定値　25, 29, 54, 70-72, 78, 81, 84, 99, 102, 104, 116, 119, 121
減価償却費　69, 72, 80
権限委譲　147
現行雇用量　69, 71, 72
工業粗生産額　27, 40, 41, 44, 46, 67, 68, 69, 116, 132
行動様式　10, 17, 61, 63, 65, 73, 77, 146
効率性　1, 11, 14, 16, 19-21, 23-25, 29, 34, 39, 63, 64, 77, 109, 110, 112-119, 121, 123-125, 129, 135, 137, 138-140, 143, 146, 148
5 カ年計画　6, 8, 12, 58, 111
国営企業　8, 16, 17, 19, 21, 22, 44, 46, 48-51, 52, 57, 58, 60, 61, 63-65, 67, 68, 71-73, 77, 80, 81, 84, 85, 87, 119, 145, 146, 151
国有企業改革　115, 116, 123, 124, 149, 150
固定効果モデル　29-32, 55, 56, 116, 126, 127, 137, 138
固定資産　25, 26, 27, 40, 41, 43-45, 49, 50, 67-72, 78, 80, 81, 85, 98, 99, 100, 104, 116, 126, 127, 129, 132
個別効果項　25, 40, 67, 98, 127, 135, 136

財務管理　63, 64
債務不履行　131
裁量　8, 10, 11, 17, 59, 64, 65, 85, 89, 135, 147, 150
三角債　131

産業連関　7, 154
三線建設　35, 142
参入　116-120, 123
GRP（域内総生産額）135-138, 141, 142, 143
　名目――　137, 138, 142, 143
資金回転率　135-140, 143
資源配分　1-3, 5, 6, 10, 13, 16, 65, 70, 77, 85, 110, 112-114, 117, 118, 121, 123-125, 145, 146, 151, 152
市場経済　i-iii, 1-4, 7, 11, 13, 14, 17, 20, 37, 39, 58, 63, 65, 70-72, 80, 91, 92, 101, 102, 106-108, 113, 118, 129-131, 133, 134, 138, 140, 142, 143, 146-153
System GMM　78, 102
実質化　27, 40, 44, 45, 68, 102, 106
実質値　27, 45, 68
資本装備率　45, 51, 52, 57, 70, 71
資本の限界生産性（MPK）　100, 104
資本－労働比率　57
重工業優先戦略　5, 8, 9, 39, 47, 49, 112
集団所有制　46, 48, 49
新興国　iii
生産関数　26, 37, 39-41, 44, 53, 55-57, 66-68, 73, 78, 95, 125, 126, 130, 132, 133
生産工程　8, 19-23, 34, 35, 113, 114, 117
生産性　7, 11, 15, 16, 24, 26, 29, 31, 33-35, 37-40, 44, 53, 54, 57, 58, 67, 73, 75, 78, 90, 95-102, 104, 106-108, 110-112, 114, 115, 117-119, 121-127, 145, 146, 150
　狭義の――　23, 26, 33, 34
　広義の――　26, 33, 34
生産要素投下状況（要素投下）　54, 57
線形近似　111
全要素生産性　40
総生産額　7, 44, 46, 47, 49, 50, 67, 72, 93-95, 98, 100, 104
退出　115, 117-119, 120, 123-125, 147
大而全，小而全　16, 19

大躍進　9, 11, 12, 21, 29, 34, 46-48, 53, 54, 58, 73, 74, 76, 90, 111, 134
ダブルデフレーション　27
地方工業　6, 8, 90
地方政府　7, 9, 12, 21, 64, 70, 85, 89-92, 106, 129, 130, 150-153, 174
中央政府　8, 9, 12, 21, 77, 106, 108, 129, 152, 153
中間投入　25, 27, 40, 41, 44, 54, 67, 68, 101, 132
調整期　47, 53, 54, 58, 76, 90
賃金　62, 63, 65, 68-70, 72, 81
――率　62, 68-70, 72, 81
TFP　40, 41, 53, 54, 57, 66, 67, 73-75, 78, 95-102, 104, 111
デフレータ　27, 44, 45, 68
動機付け　12, 101, 107
同次性係数　42, 130, 132-134, 142
投資プロジェクト　129, 130
淘汰　7, 58, 91, 115, 117, 118, 121, 123-125, 129, 146, 147, 176
途上国　i-iii, 9, 12-14, 61, 146, 147, 154

内製化　19, 114

配分効率性　112, 117, 118, 123-125, 129, 139, 140
パネル推定　53, 116
パネルデータ　27, 137
パフォーマンス　21, 23, 89, 91-102, 104, 106-108, 138, 146
パラメータ　40-42, 67, 98, 99, 116, 127, 132, 133, 135, 136
物価　68
不変価格　27, 44, 68
フルセット型生産システム　19-26, 28, 29, 33-35, 145
文化大革命　12, 46, 53, 54, 73, 74, 76, 77, 90, 111
分業型生産システム　21-26, 29, 33-35, 145
分権化　5, 8, 9, 12, 70, 85, 89, 129, 150

180

索　引

平均成長率　141
変動係数　117, 119, 122, 123
変量効果モデル　30, 31, 32, 137-139

目的関数　61-63, 65, 66, 68, 73

緩い集権制　12
要素賦存状況　43, 48, 52, 54, 57, 145

利潤　2, 7, 62-65, 68, 69, 71, 72, 75, 76,
　　85, 92-94, 98-102, 104, 106, 107, 146
　──最大化　62, 63, 65, 68, 69, 71, 72,
　　75, 76, 85
　──率　93, 94, 98-102, 104, 107
　──留保　64
流動資金　44, 64-69, 72, 77, 80, 81, 84,
　　85, 91-93, 95-102, 104-108, 110, 116-
　　119, 121-127, 135, 136, 138, 140, 146
　──の限界生産性　117-119, 121
　──優先配分　91, 92, 97, 99
歴史的経緯　ii, 109
歴史的文脈　ii
労働の限界生産性（MPL）　100, 104

［著者紹介］

白石麻保（しらいし　まほ）

山口大学人文学部卒業
山口大学大学院経済学研究科修士課程修了，修士（経済学）
京都大学大学院経済学研究科博士後期課程修了，博士（経済学）
日本学術研究会特別研究員（PD），龍谷大学経済学部非常勤講師，立命館大学経営学部非常勤講師等，姫路獨協大学経済情報学部講師を経て
2007年　北九州市立大学外国語学部准教授
2015年　北九州市立大学外国語学部教授（現在に至る）

主要著書
「人力資源的形成與経済体制改革：作為改革開放時代的基礎的計画経済時代」許崇正　大西広　楊帆等著『人的発展経済学新進展：中日"人的発展経済学"第五次国際検討会論文選』中国経済出版社，2012（矢野剛氏と共著）
"What Caused the 'Marginal Products of Labor-Wage Gap' in State-Owned Enterprises in China during the Early-Reform Era? A Reconsideration based on a Case Study in Henan.", Journal of Chinese Economics and Business Studies, 2011（矢野剛氏らと共著）
「中国における「社会主義市場経済論」の思想的変遷―市場経済化をリードした理論展開の諸相―」上原一慶編『躍動する中国と回復するロシア―体制転換の実像と理論を探る―』高菅出版，2005

計画経済の実証分析―中国の経済開発

2016年12月20日　初版第一刷発行

著　者　　白　石　麻　保
発行人　　末　原　達　郎
発行所　　京都大学学術出版会
　　　　　京都市左京区吉田近衛町69
　　　　　京都大学吉田南構内（〒606-8315）
　　　　　電話 075(761)6182
　　　　　FAX 075(761)6190
　　　　　URL http://www.kyoto-up.or.jp/
印刷・製本　亜細亜印刷株式会社

Ⓒ Maho Shiraishi 2016　　　　　　　Printed in Japan
ISBN978-4-8140-0056-2　　　定価はカバーに表示してあります

本書のコピー，スキャン，デジタル化等の無断複製は著作権法上での例外を除き禁じられています。本書を代行業者等の第三者に依頼してスキャンやデジタル化することは，たとえ個人や家庭内での利用でも著作権法違反です。